D1866838

Christina Rauscher

Kampf der Krebse

Mein Lieber,

Was ist wichtig im Leben?

Geld? Ein großes Auto?

Nein! Nur eine Hand, die immer

für einen da ist und unterstützt!

Genieße Dein Leben in vollen Zügen

und bleibe gesund!

Deine Christina

Christina
RAUSCHER

Kampf der
Krebse

Aufgeben kommt nicht infrage!

Wer geht k.o.? Bleibt neugierig, dann werdet Ihr es erfahren!

Bibliografische Information der Deutschen Nationalbibliothek
Die Deutsche Nationalbibliothek verzeichnet diese Publikation in der Deutschen Nationalbibliografie; detaillierte bibliografische Daten sind im Internet über http://dnb.d-nb.de abrufbar.

Christina Rauscher
Kampf der Krebse
Aufgeben kommt nicht infrage!

Titelbild: Irina Levitskaya @ Fotolia
Fotos: Christina Rauscher

Berlin: Pro BUSINESS 2018

ISBN 978-3-96409-019-5

1. Auflage 2018

Produktion und Herstellung: Pro BUSINESS GmbH
Gedruckt auf alterungsbeständigem Papier
Printed in Germany
www.book-on-demand.de

ClimatePartner

Inhalt

Prolog

Liebe Leserinnen und Leser,

ich bin ein Mensch, der trotz einiger Krankheiten in der Kindheit bis zum heutigen Tage lebenslustig, humorvoll, frech, kämpferisch und willensstark geblieben ist. Geboren wurde ich in Karlsruhe-Rüppurr an einem sehr heißen Freitag im Juli. Obwohl mörderische 36° C herrschten, wollte ich eilig auf die Welt kommen. Den Astrologen zufolge werden im Juli die gefühlvollsten Menschen geboren – die Krebse. Charakterisiert werden sie als selbstlos und hilfsbereit, bis hin zum Helfersyndrom, ferner als sensibel, harmoniebedürftig, neugierig, loyal und humorvoll – obwohl sie nur schlecht Witze erzählen können. Warum ich hier den Krebs als mein Sternzeichen erwähne? – Es trägt zum Verständnis des Buchtitels bei.

Trotz vieler schwieriger Umstände hatte ich eine sehr schöne und wohlbehütete Kindheit als die jüngere zweier Töchter. Durch das Weihwasser bei der Taufe zog ich mir als Baby eine Erkältung und eitrige Mittelohrentzündung zu, einige Monate später wäre ich durch Salmonellen beinahe wieder im Jenseits gelandet. Während meiner Kindheit musste ich aufgrund von Lungenentzündungen zwei Mal ins Krankenhaus. Noch vor dem zehnten Lebensjahr biss mich ein Hund in die Wange. Aufgrund eines verschmutzten Pools im Ausland rissen mir durch die Infektion beide Trommelfelle ein. Bronchitiden und Magen-Darm-Infektionen begleiteten mich zuverlässig durch die Kindheit.

Im Jahre 2011 bekam ich auch noch eine Immunthrombozytopenie, bei der die für die Gerinnung zuständigen Blutplättchen deutlich abgebaut werden, sodass bei mir mehrfach die Gefahr von Blutungen in den inneren Organen bestand. 2015 hatte ich eine Knie-Operation, da aufgrund der Cortison-Einnahme während der Erkrankung ein großer Knorpelschaden entstanden war. Dies ist nur ein kleiner Ausschnitt aus meinen kränklichen Tagen, um nicht den Rahmen zu sprengen.

Trotz all dem bestimmte Fröhlichkeit mein Leben. Nach der Schule und zwei sechsmonatigen Auslandsaufenthalten in London und Paris erlernte ich den Beruf der Fremdsprachensekretärin. Im Anschluss daran habe ich jahrelang in Personalberatungen als Projektassistentin gearbeitet. 2015 war ich trotz größter Bemühungen und Schulungen, „wie man sich am besten verkauft", zwölf Monate lang arbeitslos. Da ich psychisch sehr darunter litt, entschied ich schließlich, in meinem beruflichen Leben etwas grundlegend zu ändern, eine andere Richtung einzuschlagen, eventuell sogar etwas völlig Neues zu erlernen. Mein Wunsch war es, nicht mehr neun bis zehn Stunden im Büro zu sitzen, zu tippen und zu telefonieren, sondern in Bewegung zu kommen, körperlich aktiv zu sein und auch mal draußen arbeiten zu können, vielleicht im Gartenbereich. Da kam mein Vater auf die Idee, seinen langjährigen Freund aus der Schulzeit zu fragen, ob ich in dessen nahegelegenen Baumarkt ein Praktikum absolvieren dürfe.

Gesagt – getan: Im März 2016 arbeitete ich dort vier Wochen lang. Trotz meiner mit 150 Zentimetern kleinen und zierlichen Statur war man von meinem Engagement und meiner Art sehr angetan. Im April bereits wurde ich in Teilzeit (sechs Stunden täglich) als Baumarkt-Fachverkäuferin eingestellt, obwohl ich in diesem „Fach" tatsächlich kaum ausgebildet war. Bis heute springe ich überall dort ein, wo gerade „die Hütte brennt", damals allerdings noch ohne direkten Kundenkontakt, da dies – wenn man noch nicht über alles Bescheid weiß – durchaus problematisch sein kann. Zu meinen Aufgaben gehört es vor allem, die Pflanzen zu versorgen, Ware auszuzeichnen, Preisschilder anzufertigen, Kataloge und Prospekte zu bekleben, diese an den Ständen aufzufüllen und den Wareneingang zu bearbeiten, was bedeutet, die eingetroffene Ware in die Regale zu sortieren, die leeren Kartons zu zerkleinern und den kompletten Müll in die Container zu befördern. Das Wiedereinsortieren der Retouren sowie die Regalpflege gehören auch noch dazu. Bei geringem Kundenaufkommen steht gelegentlich auch Putzen auf dem Plan. Es ist sehr anstrengend, da ich den ganzen Tag auf den Beinen bin, zwischendurch auch immer wieder auf Leitern klettern oder in die Knie gehen muss.

Dennoch bereitet mir die Arbeit viel Freude. Das Team, samt Vorgesetztem, ist wie eine zweite Familie für mich und wir lachen viel zusammen. Selbst der jung gebliebene Mann, der eventuell mal unser Chef werden wird, kümmert sich intensiv um mich – was ich erstaunlich finde, denn das ist mir in meinem ganzen Berufsleben noch nie begegnet. Eine tolle Erfahrung, muss ich ganz ehrlich sagen! Mit dem dienstälteren Marktleiter habe ich nicht so viel zu tun, doch ist er mir gegenüber immer nett und kulant. Er klopft mir gelegentlich auf die Schulter, wenn etwas in Ordnung geht und sorgt sich sogar um mich. Das macht ihn mir sympathisch und ich schätze ihn sehr. Die Arbeitsweise meines direkten Vorgesetzten ist jedoch praxisnäher; er weiß was er tut, ist dabei sehr teamorientiert und zuvorkommend. Auch hört er sich die Belange der Mitarbeiter aufmerksam an und macht gern Späße. Einen wie ihn hat man gern um sich, denn unter Vorgesetzten findet man so jemanden nur selten. Ihm ist nicht alles egal, so wie manch anderem, der immer nur mit einem Ohr zuhört und „jaja“ sagt – wenn überhaupt.

1. Die Krankheit schlägt zu: Der Beginn einer langen Odyssee

Ende Juli 2016 begann meine Krankengeschichte. Von Anfang August an war ich immer wieder krankgeschrieben. Ich dachte meine Symptome kämen vielleicht vom Stress, da ich während der Arbeitszeit ständig in Eile war und kaum Pausen machen konnte, oftmals aufgrund vieler Kunden, die einfache Fragen stellten und denen ich zum Beispiel Gasflaschen austauschen sollte. Mein Körper musste sich auch erst einmal an die harte körperliche Arbeit gewöhnen. Ich bin ja im Prinzip von null auf hundert in eine anstrengende Anstellung gewechselt, ohne mich vorher körperlich aufzubauen. Das war eine große Herausforderung für mich. Meine Kollegin, der ich im Pflanzenbereich ausgeholfen habe, musste zusätzlich immer wieder die Kasse bedienen – und das ist purer Stress, der an die Nieren geht, wie ein Sprichwort sagt. Aber mit der Zeit gewöhnt man sich auch daran. Es bleibt einem ja auch nichts anderes übrig. Zu der Zeit war ich gerade mal vier Monate dort beschäftigt, also noch in der Probezeit.

Anfangs plagten mich Durchfall, Blähungen, Kreislaufprobleme und eine erhebliche Gewichtsabnahme. An manchen Tagen musste ich mich draußen im Gartenbereich auf die Steinplatte setzen, und wenn mir meine Kollegin gelegentlich am Bildschirm etwas erklären wollte, konnte ich kaum hinsehen, weil mir schwarz vor Augen wurde und ich fast umkippte. Ich brauchte eigentlich täglich die Korodin-Tropfen für den Kreislauf, arbeitete jedoch weiter und dachte mir erst einmal nichts dabei. Nach einer Weile – ich weiß leider nicht mehr wie lange ich das ausgehalten habe – besserten sich die Symptome nicht von allein und ich ging zum Hausarzt Dr. Kenter in die Innenstadt. Er untersuchte den Bauchraum mittels Ultraschall und meinte, ich hätte eine Entzündung in der linken oberen Darmschlinge. Die Darmschlingen befinden sich im Grunde genommen direkt neben der Lunge. Der Hausarzt verschrieb mir „Kreon“ für die Bauchspeicheldrüse und „Symbioflor“ für den Darm. Die bisherigen Symptome besserten sich, doch ganz verschwanden sie nicht.

Zusätzlich bekam ich noch Husten und Schmerzen in der Lunge, im Bereich unter dem linken Schulterblatt. Das fühlte sich wie Messerstiche an und ich hatte Probleme, mich nachts aufzurichten oder umzudrehen. Ich hatte ja noch die Hoffnung, dass ich mich verlegen oder einen Nerv eingeklemmt hatte, doch meiner Familie erschien das zu abwegig. Sie ordneten zusätzlich ein CT beim Radiologen in einer Gemeinschaftspraxis in der nächstgelegenen Stadt an, das am 16. August 2016 durchgeführt wurde. Bevor es in die Röhre ging, musste ich innerhalb einer halben Stunde einen großen Becher Kontrastmittel trinken, damit die inneren Organe besser zu erkennen waren. Danach hat man einen Wasserbauch ;-).

Der Befund ergab: Meine Lymphknoten im Bauch waren vergrößert, bereits um die zwei Zentimeter groß. Bei einer normalen Erkältung sind sie vielleicht gerade mal eineinhalb Zentimeter groß. Vor allem ein Lymphknoten im Thoraxbereich unter dem Brustbein war sehr auffällig und man entdeckte einen großen Entzündungsherd in der Lunge. Hmmm, dachte ich, da ist mein Hausarzt wohl leider auf dem falschen Pfad gewesen. Naja, man sagt doch auch: Fehler sind menschlich, und wir sind nicht hier, um perfekt zu sein. Er ist doch auch nur ein Mensch, wie du und ich. Ich bin ihm keineswegs böse, nur weil er nicht die richtige Diagnose stellen konnte.

Ich wurde direkt vom Radiologen zurück zum Hausarzt geschickt. Man sah ihm schon an, dass ihn die Diagnose erschreckte hatte und es ihm peinlich war, als er den Befund las. Er wollte mir ein Antibiotikum gegen die Lungenentzündung verschreiben und mich damit wieder heimschicken. Das fand ich dann aber doch nicht so in Ordnung. Instinktiv teilte ich ihm mit, ins Krankenhaus zu wollen, da ich spürte, dass mit meinem Körper irgendetwas nicht stimme und ich auch schon einiges an Gewicht verloren hätte. Dort werde man mich gewiss auch besser aufpäppeln können. Ich hatte vorher nicht daran gedacht ins Krankenhaus zu gehen, doch in diesem Moment war es so, als würde mir dies eine innere Stimme befehlen. Der Arzt erklärte sich damit einverstanden und fragte, welches Krankenhaus mir recht sei. Von früheren Aufenthalten her fiel mir das Vilaminjo-Krankenhaus in der nächstgelegenen Stadt ein. Er rief sogleich beim Chefarzt der Onkologie an. Dass er nicht von selbst auf die Idee gekommen war mich ins Krankenhaus zu überweisen, wunderte mich sehr. Wahrscheinlich war er mit der ganzen Situation einfach überfordert.

Ich weiß es noch ganz genau, dass wir am nächsten Tag, dem 17. August 2016, ins Vilaminjo-Krankenhaus fuhren, wo ich auf die Pneumologie-Station H1 gebracht wurde. Es ging mir wirklich sehr schlecht. Ich hustete ununterbrochen und der Magen streikte auch. Ständig war mir übel, und als wir einmal im Außenbereich spazierengingen, übergab ich mich ins Blumenbeet, weil ich so stark husten musste. Die armen Blumen! Zu diesem

Zeitpunkt wog ich angezogen nur noch 37 Kilo, acht Kilo weniger als bei meiner Hochzeit im Juli 2015.

Meine Familie meinte, so werde ich keine Therapie durchhalten. Die Schwestern verabreichten mir zwei ganze Wochen lang ein Antibiotikum gegen die Lungenentzündung. Nach und nach besserten sich der Husten und die Schmerzen, auch weil ich in der Zeit viel inhaliert habe. Ein Inhalationsgerät wurde mir anschließend sogar nach Hause mitgegeben. Die ganze Zeit über habe ich zusätzlich Sauerstoff durch einen Schlauch in die Nase bekommen, da der Sauerstoffgehalt im Blut zu niedrig war. Man setzte mir sozusagen eine „Sauerstoffbrille" auf – so der medizinische Fachbegriff.

Die Ärzte wollten mich dennoch länger dabehalten; sie wollten mich von links auf rechts drehen, das heißt komplett durchchecken, um die Ursache der Erkrankung zu finden, weil mein Körper so viele verschiedene Symptome zeigte.

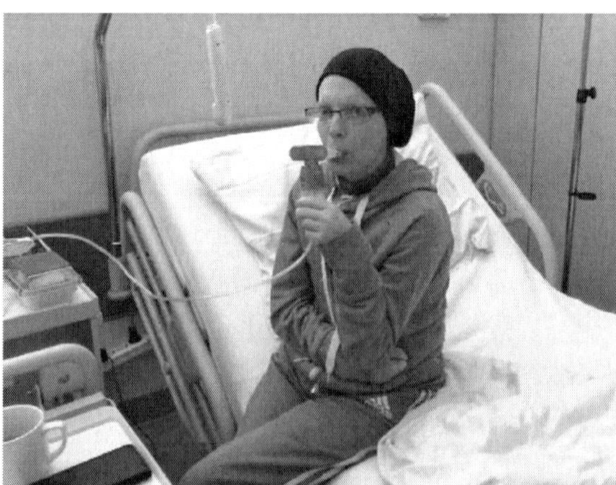

2. Diagnose: Zeit der Ungewissheit

Als die Lungenentzündung ein paar Tage später abgeklungen war, sollte eine Biopsie der Lunge durchgeführt werden, d. h. im Rahmen einer Bronchoskopie werden Gewebeproben entnommen. Ich bekam eine Kurznarkose, weil ich nicht mitbekommen wollte, wie der Beatmungsschlauch in meinen Rachen eingeführt wird; zudem bekomme ich immer recht schnell einen Würg- und Brechreiz. Nach dem Aufwachen war ich eigentlich auch wieder recht schnell fit. Die Biopsie ergab allerdings nichts! „Unbrauchbar" hieß es, da zu wenig erwischt und das „Material" auch noch gequetscht wurde. Obwohl die Biopsie angeblich unbrauchbar war, schöpfte Dr. Schirmer, Pneumologe der Station H1, sogleich Verdacht: ein hoch-malignes, invasives Lymphom in der Lunge. Prof. Dr. Meinzer, Chefarzt der Hämatologie, Onkologie und Immunologie sagte scherzhaft, er sehe den Befund vom Pneumologen noch nicht im Computer und die Pathologen seien nicht zu erreichen. Lachend vermutete er: „Die sitzen bestimmt am Baggersee bei diesem schönen Wetter."

Zu einem späteren Zeitpunkt sagte er dann mit gerunzelter Stirn in die Runde: „Sowas gibt es eigentlich nicht. So etwas habe ich noch nie in meinem gesamten Berufsleben gehört und gesehen – weil es normalerweise in der Lunge keine hochaggressiven sondern eher niedrig-maligne Lymphome gibt." Hieße das etwa, dass ich die allererste Person bin, die ein hochmalignes Lymphom in der Lunge hat? Kann ich mir nicht so wirklich vorstellen. Das wäre sonderbar. Vielleicht war ich die erste Person in Deutschland, wie mein Nephrologe vermutete, aber weltweit? Hmmm …

Einen Tag nach der Biopsie hatte sich leider ein kleiner Pneumothorax (siehe medizinisches Glossar) gebildet und ich musste drei weitere Tage auf der Station bleiben. Diesen hat man durch häufiges Röntgen in dieser Zeit festgestellt und überwacht. Ich selbst habe nichts bemerkt, nicht einmal Schmerzen empfunden. Zur weiteren Abklärung wurde ich auf die Onkologische Station A1 verlegt.

Das Zimmer, in das ich gebracht wurde, war katastrophal, das heißt extrem klein und dunkel. Ich teilte es mit einer Patientin, die mir aufgrund ihrer Krankheit einerseits wie eine Vogelscheuche, andererseits wie eine Obdachlose vorkam. Ich war so schockiert von all dem, dass ich zu heulen begann. Eigentlich ist mir das peinlich, vor anderen Patienten die Nerven zu verlieren, aber irgendwie musste es raus. Da habe ich mich richtig Scheiße und allein gefühlt. Ich hatte Angst, mit dieser unangenehmen Bettnachbarin allein zu sein. Was auch kein Wunder war, denn alle paar Minuten musste sie sich aufsetzen und röcheln was das Zeug hielt. Und dann spuckte sie den ganzen Schleim in eine Tüte – es war ekelhaft. Mir schaudert es heute noch, wenn ich daran denke.

Auch nachts fand ich absolut keine Ruhe. Zusätzlich hat die Nachbarin dann auch noch geschnarcht. Ich habe versucht, mit dem Kopfkissen meine Ohren zuzuhalten, nur hat das nicht viel gebracht. Schließlich bin ich aufgestanden und zur Tür raus, um eine Schwester zu sprechen. Ich fragte ganz verzweifelt: „Können Sie der Frau nicht irgendetwas geben, damit das Röcheln und Spucken aufhört? Ich kann nicht schlafen …“ Sie bemitleidete mich zwar, sagte aber, da helfe nichts und ich müsse das aushalten. Dann fragte ich, ob ich in einem anderen Zimmer schlafen dürfe. Sie wollte dies besprechen. Für die Nacht gab sie mir noch Ohropax-Ohrstöpsel mit, damit ich nicht so viel höre – hat aber auch nichts gebracht. Irgendwann bin ich doch vor lauter Erschöpfung eingeschlafen.

Am nächsten Morgen bekam ich mit, dass an diesem Tag die schwerkranke Frau für drei Wochen nach Hause durfte, bevor sie wieder für etliche Wochen ins Krankenhaus musste – aufgrund einer weiteren Chemotherapie. Ich war wirklich erleichtert. Meine Eltern intervenierten noch, damit ich vielleicht doch in ein größeres, helleres und freundlicher eingerichtetes Einzelzimmer durfte. Nach langem Hin und Her wurde es schließlich genehmigt.

Als sich meine Lunge stabilisiert hatte, erhielt ich bereits die nächste Hiobsbotschaft: Angeordnet wurde die Biopsie des großen auffälligen Lymphknotens im Thoraxbereich, Mediastenie genannt. Diesmal kam es zu einer größeren Operation, 45 Minuten lang unter Vollnarkose, mit dem Resultat einer Narbe unterm Hals, die noch heute sichtbar ist. Der Befund war negativ. Daher vermutete man, dass auch andere Lymphknoten unauffällig und nicht befallen waren. Allerdings habe ich die ersten Tage nach beiden Operationen nicht richtig schlucken können, war etwas heiser und litt unter der ständigen Schleimbildung im Hals – alles Dank des Schlauches im Rachen (grummel). Vor allem nachts im Liegen war es unangenehm; auch Halstabletten halfen da wenig. Eine zusätzlich in diesen Tagen durchgeführte Knochenmarkspunktion war ebenfalls ohne Befund.

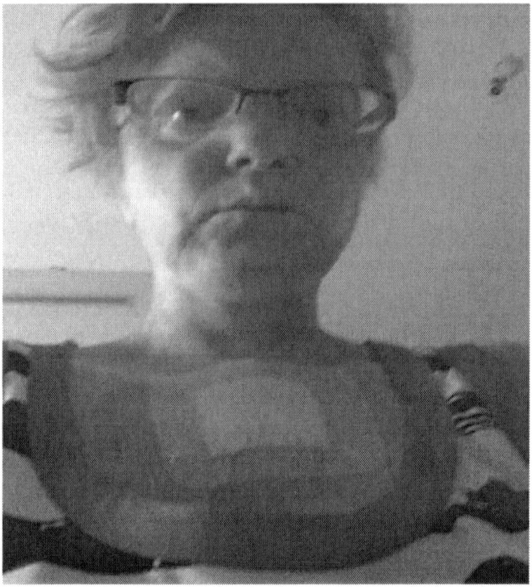

Nach der Biopsie des Lymphknotens

Ich wurde auf die Station G1 der Thoraxchirurgie verlegt und traf auf eine Bettnachbarin, die dort schon länger ihre Zeit verbrachte. Sie war eine groß gewachsene, sehr sympathische und aufgeschlossene Person. Man sah ihr aber an, dass es ihr schlecht ging. Ihr Körper war ausgemergelt; er bestand nur noch aus Haut und Knochen. Sie klagte oft über Übelkeit und hatte keine Haare mehr auf dem Kopf. Wenn sie ins Bad musste oder ich mit ihr gleichzeitig einen Termin im Kellergeschoss hatte – es waren Blutgasuntersuchungen, wie ich mich gerade erinnere –, musste sie mit dem Rollstuhl fahren und immer jemanden dabei haben. Sie schien mir sehr schwach zu sein. Die arme Frau hat wahrscheinlich schon einiges hinter sich bringen müssen. Ich vermutete, dass sie wahrscheinlich krebskrank war, traute mich aber nicht sie danach zu fragen.

Krebs kannte ich bisher nur von Dokumentationen im Fernsehen und von meiner Mutter. Sie war leider einige Jahren zuvor an Brustkrebs erkrankt, hat ihn aber besiegt und er ist bis heute nicht mehr aufgetreten. Alle Mammografie-Untersuchungen waren bislang durchweg negativ (yippieh!). Ich schäme mich heute noch dafür, dass ich zu dieser Zeit nicht wirklich für meine Mutter dagewesen bin. Aber aus irgendeinem Grund habe ich ihre Erkrankung damals nicht richtig mitbekommen. Vielleicht hatte ich beruflich zu viel im Kopf. Allerdings wollen Eltern die Kinder von so schrecklichen Diagnosen meist fernhalten, was ich auch verstehen kann. Immerhin war das für sie ein sehr einschneidendes Erlebnis.

Da man bisher nicht herausgefunden hatte, was mir wirklich fehlte, betrachteten mich sämtliche Ärzte als einen der interessanten aber auch kompliziertesten Fälle seit Jahren. Das gesamte Personal sprach über mich und somit war ich die bekannteste Person im ganzen Krankenhaus. Um endlich die Ursache meines Leidens zu finden, wurde als letztmögliche Operation am 1. September 2016 eine Videothorakoskopie durchgeführt. Die Operation dauerte diesmal ganze zwei Stunden lang, weil das Zwerchfell durch die Entzündung mit der Lunge verwachsen war und man es mühsam ablösen musste. Mir wurden zehn Zentimeter vom unteren Lungenlappen durch die Rippen hindurch entfernt. Wie die Ärzte das vollbracht haben, ist mir schleierhaft. Ich kann mir das bildlich überhaupt nicht vorstellen. Zehn Zentimeter klingen jetzt eigentlich auch nicht viel, aber bei meiner Größe von 150 Zentimetern ist das schon eine ganz andere Hausnummer. Prof. Dr. Meinzer versuchte mich zu beruhigen: „Das wächst wieder nach.“ Der Schnitt wurde ein Stück weit hinter der linken Brust gesetzt; zwei Drainagen im Rücken wurden mir gelegt.

Vor der Operation hatten wir alle noch die Befürchtung, ich käme danach auf die Intensivstation, da dies doch ein recht großer und schwieriger Eingriff war. Im ersten Moment hört sich „Intensivstation“ ja auch fürchterlich an, doch eigentlich bedeutet dies ja nur, dass man intensiver betreut wird als auf normalen Stationen. Da sind dann bei Komplikationen stets mehrere Schwestern bzw. Pfleger zur Stelle. Doch bei mir ist alles gut gegangen und ich bin im normalen Zimmer wach geworden.

Dennoch hat mich diese Operation sehr mitgenommen. Die Schläuche im Rücken taten ziemlich weh und ich musste ständig aufpassen, dass ich sie mir nicht irgendwie rausreiße. Viel Blut und Eiter kam nicht, deswegen hat man nach zwei Tagen die Drainagen entfernen können. Ich hatte regelrecht Angst davor, weil mir im Jahre 2015 im Knie schon einmal eine Drainage entfernt worden war und ich damals vor Schmerzen nach Luft schnappen musste, was sich wohl angehört hatte, als würde ich in den Wehen liegen (lach!). Die Entfernung der Schläuche im Rücken war noch schlimmer (heul!). Als die Ärzte und Schwestern ins Zimmer kamen, sollte ich mich auf die Seite legen und bei „drei“ die Luft anhalten. Reflexartig nahm ich die Embryonalstellung ein, was wohl ein großer Fehler war, denn dadurch habe ich mich mit sehr hoher Wahrscheinlichkeit verkrampft und somit war die ganze Prozedur extrem schmerzhaft. Ich habe bestimmt fünf bis zehn Minuten lang kaum Luft bekommen. Schlafen war dann die beste Lösung!

Während des Aufwachens nach dem Mittagsschlaf entdeckte ich plötzlich den Pfarrer bzw. Seelsorger am Bett. Ich wusste nicht, was ich ihm in dieser ungewohnten Situation erzählen sollte und er verschwand auch schnell wieder. Ich konnte auf den Seelentröster gut verzichten, zumal solche Personen doch meist nur ins Krankenhaus kommen, wenn es mit jemandem zu Ende geht, seine Situation also aussichtlos erscheint!? Musste ich mir jetzt Sorgen machen? Zumindest waren das meine damaligen Gedanken.

Ich muss sagen, dass ich viel Zeit benötigt habe, um aus der Narkose wieder aufzuwachen und fit zu werden. Mehr noch hatte ich den Eindruck, dafür immer länger zu brauchen, je mehr Narkosen ich bekam.

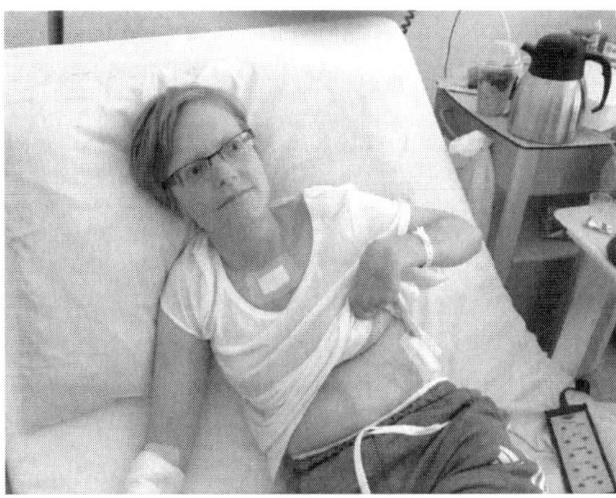

Dort wurde das zehn Zentimeter große Stück Lunge entfernt.

Drei Tage nach der Operation wurde ich für zwei Wochen nach Hause entlassen – bis zum endgültigen Befund. Als meine Eltern mich nach der Entlassung zu sich brachten, hat sich Chilly, die Katze meiner Eltern, rührend um mich gekümmert. Auf der Liege im Garten, auf der ich mit dicken Decken komplett eingehüllt lag, ist sie mir nicht von der Seite gewichen und hat sogar gefaucht, wenn sich jemand näherte – eine richtige Beschützerin. Tieren wird ja nachgesagt, sie würden spüren, wenn es Menschen nicht gut geht. Hunde können angeblich sogar Krebs erschnüffeln.

Die Vorgehensweise der Pathologen wurde uns am Telefon erklärt: Das zehn Zentimeter große Stück aus der Lunge werde aufgeschnitten, eingefärbt und es würden Zellkulturen angelegt.

Nach langen drei Wochen erhielten wir die erste Verdachtsdiagnose: Lymphomatoide Granulomatose. Eine Woche später wurde zur Einholung der Zweitmeinung „Material" an das Universitätsklinikum im Herzen von Schleswig-Holstein geschickt. Es dauerte gefühlte Jahre bis wir endlich die Antwort bekamen. Während dieser Zeit scherzten meine Mutter und ich noch, die kürzlich verstorbene Omi im Himmel habe da ihre Finger mit im Spiel und werde darauf achten, dass die Diagnose doch nicht so gravierend ausfalle, da auch schon so viel Zeit verstrichen und es so schwierig sei, ein eindeutiges Ergebnis zu bekommen. Nach bestimmt sechs Wochen lautete das: ein hoch-malignes, invasives, diffuses Non-Hodgkin-B-Zell-Lymphom in der Lunge. Somit stand die Diagnose fest und ich war erst einmal geschockt, konnte keinen klaren Gedanken fassen, da der Befund doch schlimmer ausfiel als gedacht. Ich hatte zu diesem Zeitpunkt noch gar nicht begriffen, dass ich Krebs habe. Man ist bei solch einer Diagnose erst einmal wie gelähmt. Die Gefühle hier in Worte zu fassen ist sehr schwierig.

Chefarzt Prof. Dr. Meinzer sagte mir, dieser Befund sei besser als die anfangs vermutete Lymphomatoide Granulomatose, weil das Lymphom deutlich besser zu behandeln und zu 90 % heilbar sei. Als ich das Krankenhaus verließ, kamen mir auf dem Weg nach Hause einige Pfleger und Schwestern entgegen und sagten mir: „Sei froh, dass es nur ein Lymphom ist.“ Ich konterte daraufhin: „Hahaha! Soll ich mich jetzt auch noch freuen?“

Ich kann Euch wirklich nicht sagen, warum ich so schwerkrank geworden bin. Allerdings gab es schon vor dem beruflichen Wechsel in den Baumarkt Momente, in denen ich psychisch völlig am Ende war. Dies war vielleicht mit ein Grund. Der zweite Grund könnte sein, dass ich eben schon immer von Zeit zu Zeit Bronchitiden hatte. Aufgrund dessen bildete sich wahrscheinlich das Lymphom. Allerdings hat ein Arzt in einer Dokumentation auf YouTube berichtet, dass Lymphome auch durch Pflanzenschutz- und Schädlingsbekämpfungsmittel, durch Benzol und ähnliche Gifte entstehen können. Vielleicht habe ich auch davon etwas eingeatmet, da wir auch schon Rosen und Buchsbäume bespritzt haben und ich nicht weit genug davon entfernt stand. Doch meine Kollegin aus dem Pflanzenbereich meinte, dass dies viel zu geringe Mengen gewesen wären, um so etwas Schwerwiegendes auszulösen.

Zu Hause vor dem Spiegel habe ich mir immer wieder gesagt, dass ich Krebs habe, damit mein Gehirn das realisiert und ich besser dagegen ankämpfen kann. Doch irgendwie hat die Sache nicht funktioniert. Ich habe zwar begriffen, dass ich schwerkrank bin und habe mich mit der Situation abgefunden, aber dass ich direkt Krebs habe, wollte mein Kopf nicht verstehen. Schützt uns das Gehirn vor derart ungesunden Gedanken? Ich habe mir jedenfalls gesagt, dass ich da jetzt durch müsse, komme, was da wolle.

Aufgrund meines schwachen Immunsystems haben wir für mich einen Fahrdienst engagiert, der mich zu den einzelnen Therapien ins Krankenhaus und zu Blutkontrollen zum Hausarzt fuhr und wieder zurück. Die Bahnfahrt mit all den „Rotznasen" vor allem im Herbst und Winter und dem hohen Infektionsrisiko wäre zu riskant für mich.

Zu dieser Zeit wurde mir auch ein Schwerbehindertenausweis ausgestellt, zu 100 % zwar, aber ohne irgendwelche Zusätze, wie zum Beispiel: „die Patientin benötigt eine Begleitperson, weil sie nicht gehen kann" oder so. Dieser Ausweis ist aber sehr vorteilhaft, denn in Theatern, in Zoos, bei Veranstaltungen, Ausstellungen, in Schwimmbädern etc. bekommt man Nachlässe. Auch sollen Unternehmen von der Haltung und der Einstellung Schwerbehinderter profitieren, wie ich neulich gelesen habe.

Bezüglich der Therapie wurde eine bekannte Uniklinik im Südwesten von Baden-Württemberg mit zu Rate gezogen. Schon bei der vorherigen Verdachtsdiagnose sagte der Chefarzt, dass nichts anderes als eine Chemotherapie in Kombination mit Antikörpern infrage komme. Zu der Zeit habe ich immer in Gedanken gefleht: „Bitte keine Chemotherapie, bitte nicht. Ich mache alles mit, nur keine Chemotherapie." Zu viel Schreckliches hatte ich darüber gelesen, natürlich im Internet – wo denn sonst. Man sollte nicht so viel recherchieren; es macht einen nur verrückt und verbreitet Panik. Aber auch die konsultierten Kollegen des Chefarztes entschieden sich für diese Kombination: R-CHOP 21. Ich kam nicht daran vorbei. Auf alle Fälle würden mir die Haare ausfallen und übel werden, sagte man mir. Eine weitere Nachricht des Chefarztes ließ mich allerdings in Tränen ausbrechen: „Hätte man das Lymphom nicht so schnell entdeckt beziehungsweise wären Sie nicht sofort ins Krankenhaus gegangen, sondern erst zwei Wochen später, hätte man nichts mehr für Sie tun können und vermutlich hätten Sie nur noch ein halbes Jahr zu leben gehabt" (heul!). Damit muss man erst einmal klar kommen. Wer denkt denn bitteschön bei Durchfall und Kreislaufproblemen gleich an Krebs? Eigentlich niemand oder?

Ich muss gestehen, dass mir dieser Satz auf immer und ewig im Hinterkopf bleiben wird. Wenn ich daran denke oder jemandem davon erzähle, läuft mir ein eiskalter Schauer über den ganzen Körper, ich bekomme einen Kloß im Hals und zittere leicht. Ich glaube, diesen Satz werde ich nie verarbeiten können. Warum müssen Chefärzte auch immer so direkt sein (grummel)?

Am Ende der Befundbesprechung fragte mich der Chefarzt: „Möchten Sie noch Kinder bekommen?“ Er klärte mich dann auf, dass es die Möglichkeit gebe, vor der Chemotherapie Eizellen entnehmen und einfrieren zu lassen, um später noch schwanger werden zu können, denn die Chemotherapie schädigt auch die Eizellen. Man solle danach allerdings zwei bis drei Jahre warten, denn sonst könne es passieren, dass man ein behindertes Kind zur Welt bringe. Ich entschied mich die Frage zu verneinen: „Da ich vermutlich eine genetisch bedingte Immunschwäche habe, möchte ich diese nicht an die nächste Generation weitergeben.“ Jetzt meinen vielleicht viele: „Oh, die ist aber egoistisch. Kinder sind doch das Schönste auf der ganzen Welt; sie bereichern dein ganzes Leben.“ Doch diejenigen, denen ich meine Beweggründe erläutert habe, meinten, ich hätte sehr verantwortungsbewusst entschieden.

Zuletzt fragte ich den Chefarzt, ob ich im Falle meines Ablebens noch Organe spenden könne. Er erklärte mir, die Organe seien nach der Therapie für eine Transplantation nicht mehr verwendbar, weil die Chemotherapie auch diese angreife und dort

Schäden hinterlassen könne. Also konnte ich meinen Spenderausweis entsorgen und würde nie ein richtiger Held werden (schnief).

Als mein Mann von der schrecklichen Diagnose erfuhr, brach in ihm wahrscheinlich Panik aus, denn sein erster Gedanke war: „Scheiße, in sechs Monaten hocke ich hier allein auf der Couch, wenn die Therapie nicht anschlägt." Aber er sagte zu sich selbst: „Das kann und darf nicht sein; das geht nicht." Die Arbeit auf der Baustelle habe ihm gut getan, habe ihn abgelenkt. Mit seinem besten Arbeitskollegen, seinem Bauleiter, und sogar mit seinem Chef hat er über meine Krankheit geredet. Sie haben ihm Mut zugesprochen, denn seine Mutter war erst ein Jahr zuvor an Lungenkrebs gestorben.

Der Chefarzt empfahl mir noch am Telefon, während der gesamten Therapie keinen Geschlechtsverkehr zu haben. Es sei zu riskant, dass sich dadurch chemische Stoffe im Körper der anderen Person verteilen. Ich war mir auch nicht sicher, wann ich meinen Mann knutschen durfte. Nur, wenn die Blutwerte optimal beziehungsweise die Leukozyten bei 4.000 liegen? Das hat mich sehr verunsichert.

Nicht zu vergessen sind da noch die Medikamente, die mir Prof. Dr. Meinzer für daheim verschrieben hat, da mein Immunsystem während der Therapie ja unterdrückt wird:

- L-Thyroxin, Tabletten: ein Schilddrüsenhormon, da ich nicht erst seit der Krankheit eine Unterfunktion habe. Diese Tabletten nimmt man eine halbe Stunde vor dem Frühstück ein.
- Folsan, Tabletten: Folsäure, ein B-Vitamin, was auch Schwangere einnehmen müssen. Sie ist an der Zelltei-

lung und der Blutbildung beteiligt. Nimmt man morgens ein.

- Aciclovir, Tabletten: ein Medikament speziell gegen Herpes-Viren. Nimmt man morgens und abends ein.
- Cotrim-Saft: ein Antibiotikum gegen Bakterien. Nimmt man zwei Mal in der Woche ein, morgens und abends.
- Prednison bzw. Prednisolon, Tabletten: ein synthetisch hergestelltes Cortison. Es heilt Entzündungen und dämpft das Immunsystem, damit die Kombination von Chemotherapie und Antikörpern im Körper besser wirken kann. Das Medikament muss man noch fünf Tage nach der Chemotherapie morgens einnehmen.
- Esomep / Nexium Mups, Tabletten: sie schützen den Magen. Nimmt man abends ein und wirkt 24 Stunden.
- Adenuric, Tabletten: sie schützen die Niere. Nimmt man alle zwei Tage abends ein.
- Magnesium, Pulver: hilft gegen Muskelkrämpfe. Nimmt man drei Mal täglich ein, wenn der Magen es verträgt.
- Macrogol, Pulver: hilft gegen Verstopfung. Davon sollte man nicht zu viel einnehmen, sonst geht es nach hinten los – auf gut deutsch!
- Novalgin, Tropfen: ein Schmerzmittel, das die Nieren nicht zu stark beeinträchtigt. Drei Mal täglich bis zu dreißig Tropfen!

Vor der ersten Chemotherapie, die in der letzten Septemberwoche beginnen sollte, wollte man mir einen Portkatheter legen. Das ist ein kunststoffartiges Gehäuse, mit dem man Zugang zu einer großen Vene bekommt, um schonend aggressive Mittel verabreichen zu können. Der Katheter wird im Unterhautfettgewebe implantiert und ist mit einer nadelresistenten Silikonmembran versehen. Man kann über den Port sowohl Blut abnehmen als auch etwas einflößen. Um den Port zu legen, wählten die Ärzte eine örtliche Betäubung. Der Port wird in den meisten Fällen unter dem Schlüsselbein platziert – eigentlich voll easy, wenn man gute Venen hat. Bei mir hat erst einmal die Betäubung nicht richtig gewirkt, zum anderen haben sie keine passende Vene auf der rechten Seite gefunden, da alle Venen zu schmal waren und der Katheter nicht hinein passte. Nach einer halben Stunde hat man die schmerzhafte Prozedur abgebrochen. Es fühlt sich ehrlich gesagt auch ein wenig ekelhaft an, wenn die Ärzte versuchen, den Brummer in die Vene zu schieben. Mittels Ultraschall sollte nun eine andere Position für den Port gefunden werden. Dafür sollte ich zuvor sehr viel trinken, um erkennen zu können, welche Venen sich im oberen Brustbereich dafür eignen würden. Je mehr Wasser man trinkt, desto mehr dehnen sich die Venen aus. Am besten sollten die Venen zehn bis fünfzehn Millimeter breit sein. Einer der Ärzte sagte: „Zur Not machen wir den Port in die Leiste, aber ehrlich gesagt, würde ich Ihnen das sehr gern ersparen. Da unten ist es nicht sehr lustig." Bei dieser Vorstellung schauderte es mir.

Am nächsten Tag, dem 21. September, lag ich wieder unter dem Messer, dieses Mal mit Kurznarkose – Gott sei Dank: Vene gefunden, auf der linken Seite, Port eingepflanzt. Allerdings dauerte die Prozedur etwas länger, weil ich vor dem Eingriff in der Operationsschleuse bemerkte, dass ich noch schnell auf die Toilette gehen musste. Das war ein schwieriges Unterfangen. Alle anwesenden Ärzte fragten sich, wie wir das anstellen sollten. Einer schlug sogar eine Bettpfanne vor. Doch zum Glück schob man mich dann mit dem Bett in den Aufwachraum, wo ich auf eine richtige Toilette gehen konnte. Verstrichene Zeit: bestimmt zehn bis fünfzehn Minuten. Am Tag darauf wurde der Port mit einer Nadel angestochen, an der ein Schlauch befestigt war. Die Anfangszeit mit dem Port war etwas unangenehm, doch habe ich mich schnell daran gewöhnt. Der einzige Makel ist, dass bei sehr schlanken Personen eine Beule entsteht. Man sollte darauf achten, dass man nicht zu sehr darauf liegt oder etwas auf den Port drückt, sonst kann es passieren, dass der Port sich verdreht, und dann kann man weder etwas einflößen, noch Blut abzapfen.

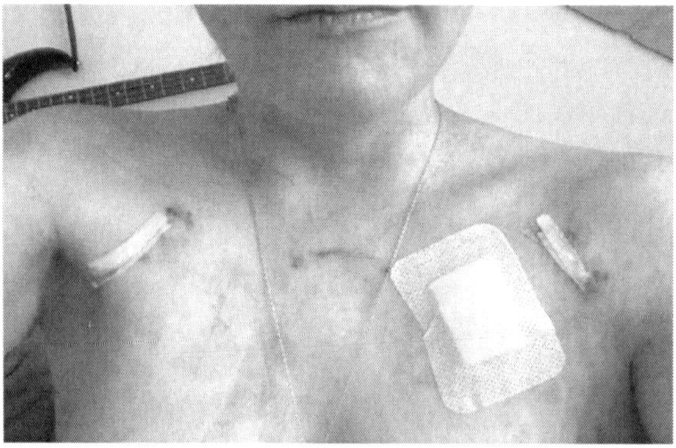

So sehe ich nach all den Operationen aus.

Man hatte übrigens herausgefunden, dass das Lymphom von der Diagnose bis zum Beginn der Therapie im September noch einmal um ein ganzes Stück gewachsen war. Am Ende soll es „faustgroß" gewesen sein. Was heißt das genau? Meine Faust oder die eines großen stämmigen Mannes: Letztendlich soll es vier Zentimeter groß gewesen sein.

3. Bangen: Erster Zyklus

Meine recht aggressive Chemotherapie startete Ende September 2016 unter dem Namen „R-CHOP 21“. Das R steht für Rituximab. Das sind Antikörper, die an Krebszellen andocken, diese als „fremd“ markieren, die eigenen, vom Körper hergestellten Antikörper aktivieren und so zum Zelltod der Krebszellen mit beitragen. CHOP ist die Abkürzung von vier verschiedenen Zytostatika, den Bestandteilen der Chemotherapie. Aufgeschlüsselt bedeutet dies:

C steht für Cyclophosphamid

H steht für Hydroxy-Doxorubicin

O steht für Oncovin, auch Vincristin genannt

P steht für Prednison / Prednisolon

Die Zahl 21 bedeutet, dass die Therapie im Drei-Wochen-Rhythmus, also alle einundzwanzig Tage, stattfindet. Bei der Therapie bekommt man sechs Mal kombiniert Chemotherapie und Antikörper und im Anschluss daran noch zwei Mal Antikörper. Vor den einzelnen Therapien werden noch etliche Medikamente verabreicht, damit der Körper nicht überreagiert. Vor den Antikörpern werden verabreicht:

- Paracetamol, per Infusion,
- Cortison, per Infusion,

- Granisetron, per Spritze,
- Fenistil, per Spritze.

Vor der Chemotherapie werden verabreicht:

- Paracetamol, per Infusion,
- Cortison, per Infusion,
- Granisetron, per Spritze,
- Oncovin/Vincristin, per Spritze,
- Hydroxy-Doxorubicin, per Spritze.

Einige Stunden nach der Chemotherapie werden noch zwei Spritzen Mesna (Handelsname: Mesnex) verabreicht, die Blasenentzündungen vorbeugen.

Wogegen sind die genannten Medikamente? Was bewirken sie im Körper?

> Granisetron beugt Übelkeit vor. Es wirkt stärker als das Medikament Vomex und macht weniger müde, hat mir eine Schwester verraten.
>
> Fenistil beugt allergischen Reaktionen vor. Dies gibt es auch als Gel, wenn man im Sommer von einer Mücke gestochen wurde.
>
> Paracetamol beugt Schmerzen, Fieber und Schüttelfrost vor, ist für die Niere aber schädlicher als Novalgin.
>
> Cortison beugt Entzündungen vor und dämpft das Immunsystem, damit die Zytostatika besser wirken können.

Cyclophosphamid, Oncovin / Vincristin, Hydroxy-Doxorubicin sowie Prednison / Prednisolon sind Zytostatika, wie oben bereits beschrieben.

Prednison / Prednisolon ähnelt dem körpereigenen Hormon Cortison. Es dämpft zum einen die Aktivität des Immunsystems, damit die Zytostatika besser wirken können. Zum anderen hindert es Entzündungszellen daran in geschädigtes Gewebe einzuwandern und dort eine überschießende Entzündungsreaktion zu verursachen. Außerdem beeinflusst Prednisolon den Kohlenhydratstoffwechsel und den Fettstoffwechsel.

Die Hydroxy-Doxorubicin-Spritze ist ein gewaltiger „Oschi" und die enthaltene Flüssigkeit ist rot (Rubicin kommt vom Wort Rubin und das bedeutet bekanntlich rot). Man sagte mir, dieses Zytostatikum sei der giftigste Bestandteil der Chemotherapie, da es ihm obliegt, die Krebszellen letztendlich zu vernichten. Die Ärzte lassen die Flüssigkeit fünfzehn Minuten lang allmählich einlaufen, eben weil es sonst passieren kann, dass der Patient den Löffel abgibt :-). Man darf auch keinen Hautkontakt damit haben, weil sich die Haut sonst ablösen und man auch Verbrennungen erleiden würde.

Ich wollte zu den einzelnen Zyklen stationär aufgenommen werden, da ich nichts von ambulanter Therapie hielt und auch heute nichts halte. Da sitzt man mit anderen Menschen in einem kalten, lieblosen Raum; der eine ist vielleicht erkältet, dem gegenüber ist vielleicht übel oder er unterhält sich mit seinem Nachbarn. Außerdem bekommt man immens viele furchtbare Geschichten zu hören, und das will ich mir nicht antun. Ich will meine Ruhe haben und während das „heilende Gift" (wie soll ich es anders nennen) in mich fließt, entspannen können.

Da die Chemotherapie und die Antikörper eine große Belastung für den Körper sind, müssen sie langsam verabreicht werden. Dies geschieht mit einer Dosierpumpe, einem Kasten, der die Medikamente langsam und kontrolliert in den Körper pumpt. Da die Antikörper aufgrund der enthaltenen Proteine schäumen und sich dadurch Luftblasen bilden, kommt es häufiger vor, dass die Dosierpumpe zu piepen beginnt. Dann stoppt das Gerät automatisch den Durchlauf, bis man die Luftbläschen aus dem Schlauch wieder entfernt hat. Man sagte mir, dass die Dosierpumpe auch die Luft im Schlauch misst, und je mehr Luft darin ist, desto gefährlicher kann es für den Menschen werden.

Während der ersten Therapie, die vom 22. bis 25. September 2016 auf der Station A1 der Hämatologie, Onkologie und Immunologie stattfand, hatte ich panische Angst. Mir schwirrten immer die gleichen Fragen im Kopf herum: „Verkrafte ich die Chemotherapie? Wie sind die Nebenwirkungen? Wird mir schlecht?“ Vor allem vor der Übelkeit hatte ich panische Angst. Ich hasse das Gefühl, wenn die Magenflüssigkeit im Hals aufsteigt und dabei noch so heiß ist. Die Therapie startete vormittags. Vor der Medikamentengabe wird der Port immer mit 20 ml Natriumchlorid (NaCl) 0,9 % durchspült und das habe ich deutlich im Mund geschmeckt. Das war ekelhaft. Die Schwestern waren verwundert, dass man das NaCl (die Kochsalzlösung) überhaupt schmeckt, aber sie berichteten auch, dass schon mehrere Patienten sie darüber informiert hätten.

Im Bett habe ich anfangs gezittert wie verrückt, als mir die ersten „Drogen“ per Spritze verabreicht wurden. Meine Mutter saß neben meinem Bett auf dem Stuhl und streichelte mir die Hand zur Beruhigung. Die Stationsärztin kniete sich zu mir und erklärte ganz ruhig und ausführlich, was und vor allem wie es gemacht werde. Zu Beginn erhielt ich zwei Stunden lang die Antikörper. Am Tag darauf ließ man die Chemotherapie fünf Stunden lang durchlaufen. Das Cortison vorher wurde mir allerdings leider per Spritze gegeben und ich habe es überhaupt nicht vertragen. Mich überkam sofort ein Brechreiz. Als die Stationsärztin das Zimmer verließ, ließ sie zu meiner Beruhigung sogar die Tür offen stehen. Zwanzig Minuten später wurde nach mir geschaut und ich wurde gefragt, ob ich noch lebe :-D. Das war wirklich sehr liebevoll.

Meine Mutter wollte warten, bis ich die Spritzen intus habe und dann gehen, um selbst noch einiges erledigen zu können. Doch ich wusste, dass die erste halbe Stunde immer riskant war, denn bei manchen Patienten treten in dieser Phase heftige Nebenwirkungen auf, die bis zu einem allergischen Schock reichen können. Deshalb bat ich sie, die eine halbe Stunde noch abzuwarten und mich abzulenken.

Ich zitterte immer noch wie Espenlaub, doch irgendwann werden auch die Muskeln müde und schwer. Ich verspürte außer dem Brechreiz zu Beginn keine schwerwiegenden Nebenwirkungen. Um mich weiterhin abzulenken, las ich entweder meine Lieblingszeitschriften InTouch, IN, OK sowie Closer (die typischen Frauenzeitschriften eben) oder ich hörte meine Lieblingslieder wie zum Beispiel Total eclipse of the heart von Bonnie Tyler, Living Next Door to Alice von Smokie, Golden Age von Michael Patrick Kelly oder das Kultmusical The Rocky Horror Show. Auch waren Songs zur Aufmunterung dabei. Sei es Steh auf, wenn du am Boden bist von den Toten Hosen oder Win the Race von Modern Talking. Ich weiß selbst, dass die Band wenig angesehen ist, aber das Lied hat mir Mut gemacht. Da Singen meine große Leidenschaft ist, half dies enorm mich zu beruhigen. Um etwas positiver auf die Chemotherapie zu reagieren, dachte ich so bei mir, dass jedes Chemo-Tröpfchen den Körper gesünder macht. Also rein damit!

Meine Eltern kehrten am Nachmittag zurück, was wirklich sehr schön war. Wir unterhielten uns, aßen etwas und spielten Kniffel, eines meiner Lieblingswürfelspiele. Sie brachten von engen Freunden auch noch Süßigkeiten mit. Dafür war ich sehr dankbar, denn ich liebe Süßigkeiten. Vielen Dank auch noch einmal an das befreundete Ehepaar; ihr seid echt lieb.

Am Abend besuchte mich mein lieber Ehemann, denn tagsüber ist er ja auf Baustellen unterwegs und hat als Kapo (Vorarbeiter) viel um die Ohren. Doch trotz immenser Arbeit hat er es sich nicht nehmen lassen, früher von der Arbeit zu verschwinden, um ganz schnell bei seiner Liebsten im Krankenhaus zu sein. Er blieb bis 20 Uhr. Ich war sehr froh und glücklich, dass er mich besuchen kam, denn mit ihm war nicht alles so ekelhaft und hoffnungslos. Bei ihm vergaß ich regelrecht meine Probleme und er brachte mich wieder zum Lachen. Wir kuschelten sogar im Bett. Das haben wir während der ganzen Therapie durchgezogen. Für ihn war es ganz und gar nicht einfach, doch er war es, der mich immer aufgebaut hat und sich nichts hat anmerken lassen. Der arme Mann – was der alles durchmachen musste.

Mein Schwesterherz

An diesem Abend schrieb ich noch meinem Schwesterherz, wie es mir so ging, was ich trieb und was noch alles anstand. Meine Schwester konnte leider nicht kommen, weil sie seit Jahren in Irland lebt und eine Farm zu versorgen hat. Doch seit der Diagnose stehen wir intensiver in Kontakt. Ich vermisse sie sehr, habe regelrecht Sehnsucht nach ihr. Manchmal war ich wütend auf sie, weil sie so wenig geschrieben hat und in der schwierigen Zeit nicht da sein konnte. Aber ich freue mich dennoch immer sehr, wenn sie mir auf E-Mails antwortet. Da sie auch einen Hund hat, der nicht ins Flugzeug darf, und die Fahrt mit dem Auto drei Tage dauern würde – wofür sie das Geld nicht hat –, war es einfach unmöglich nach Deutschland zu kommen. Aber ich glaube trotz allem, dass wir noch enger zusammengeschweißt sind, weil wir beide schwierige Zeiten durchlebt haben. Auch wenn wir grundverschieden sind, werde ich sie immer lieb haben und immer in meiner Nähe haben wollen.

Nach der Chemotherapie am nächsten Tag, es war der 23. September, spürte ich schon die ersten Nebenwirkungen. Es kribbelte am ganzen Körper, es piekte in der Hüfte und in den Beinen und die Mundschleimhaut wurde ziemlich trocken. Dennoch habe ich diese erste Therapie gut überstanden. Nach den drei Tagen im Krankenhaus hatte ich wirklich wenig Nebenwirkungen. Ich fühlte mich nicht schlecht, außer dass ich müde war, Knochenschmerzen hatte und absolut nichts schmeckte. Fast jede Nahrung hatte den Geschmack von Pappe oder war einfach nur bitter in den ersten zwei Wochen. Die Knochenschmerzen lassen sich so beschreiben, dass man sehr feine Nadelstiche spürt. Dies war bei mir vor allem in der Hüfte und in den Beinen der Fall. Die anfänglichen Knochenschmerzen entwickelten sich bei mir schließlich in den folgenden Tagen bis zur Versteifung der Muskeln. Mir war aber Gott sei Dank nie übel – auch daheim nie. In diesem Punkt ist die Prognose des Chefarztes nicht eingetreten. Ich habe allerdings daheim, wie auch im Krankenhaus, stets Kamillentee getrunken – für mich ein Allheilmittel.

Nach dem ersten Zyklus blieb ich einige Tage bei meinen Eltern, weil mein Mann ja arbeiten musste und sie mich somit besser versorgen konnten. Zeitweise war ich nach der ersten Chemotherapie sehr schwach auf den Beinen und zitterte regelrecht. Immer wenn meine Eltern und ich irgendwo hingingen, sei es auch nur zum Bäcker, musste ich mich hinsetzen. Ich glaube, das Zittern wurde vom Cortison ausgelöst, was ich ja morgens stets einnehmen musste. Daheim und bei meinen Eltern machte ich zwischendurch immer wieder Gymnastik. Trotz allem musste ich ja irgendwie fit bleiben, um wenigstens mal spazierengehen zu können. Im Internet habe ich mir Übungen gesucht und diese dann an einem schönen sonnigen Nachmittag bei meinen Eltern auf dem Rasen ausprobiert.

Turnübung auf dem Rasen

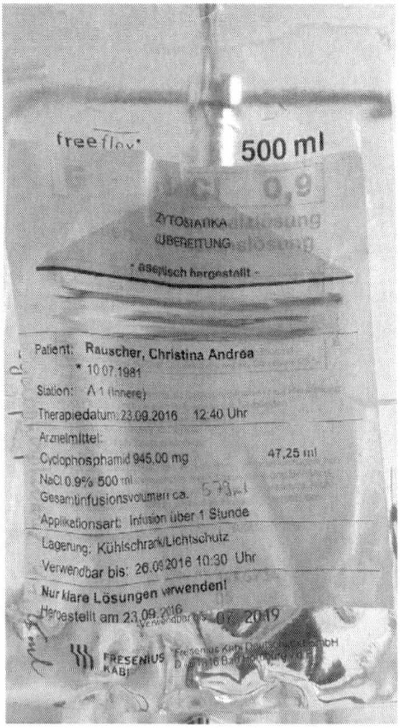

Die Chemo-Beutel waren immer mit 500 bis 600 Millilitern gefüllt, die Antikörper-Beutel hingegen enthielten nur eine Flüssigkeit von 310 Millilitern – nur ist gut (lach!).

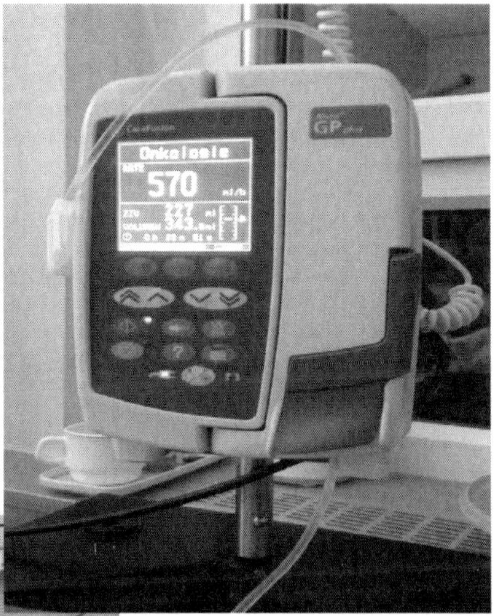

Die Dosierpumpe

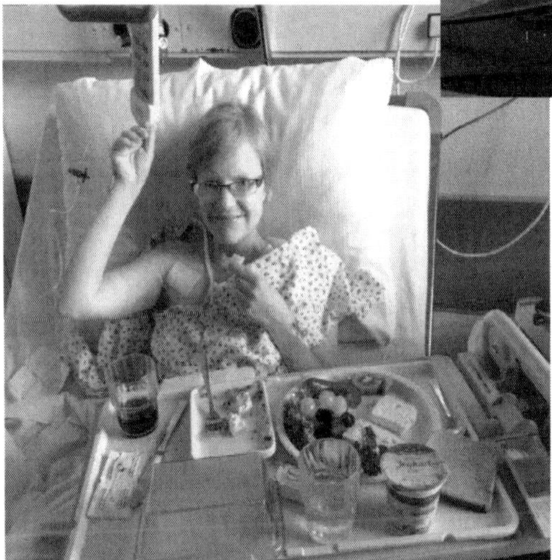

Ohne Mampf kein Kampf!

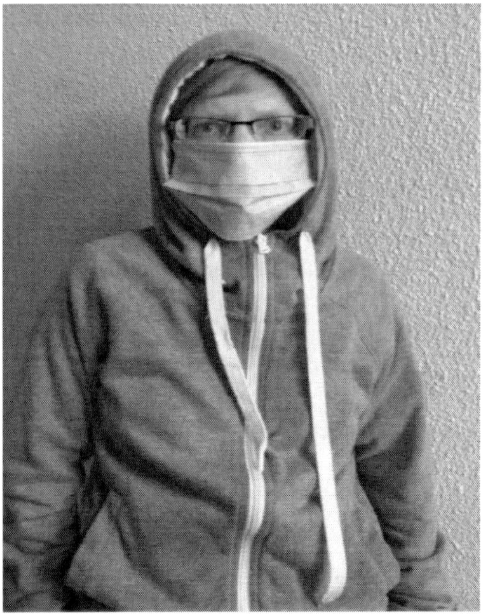

Gangstachristl (lach!)

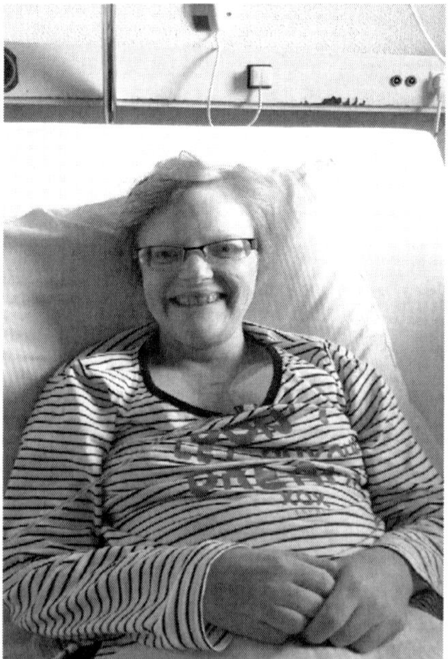

Aufgeschwemmt durch die Cortison-Einnahme und extreme Blässe um die Nase.

4. Erwartung: Zweiter Zyklus

Etwa drei Wochen nach der ersten Therapie fielen mir allmählich die Haare aus. In den ersten Tagen entdeckte ich auf dem Kopfkissen nur einige Härchen. Nach einer Woche hatte ich schon richtige Büschel auf dem Kopfkissen. Die Bürste sah aus, als hätte ich ein Schaf geschoren. Ich konnte mit den Fingern sogar Büschel herausziehen, ohne dass es weh tat. Doch irgendwie – ich weiß auch nicht wieso – war ich gar nicht traurig oder schockiert. Ich fand die Zeit eher spannend. Andere Frauen fallen da schon eher in eine Depression, vermutlich weil sie denken, sie sähen nicht mehr weiblich aus, obwohl das gar nicht stimmt. Es gibt viele Frauen, die mit Glatze wirklich schön aussehen. Ich staunte nur, dass mir restlos sämtliche Haare ausfielen, also auch die Wimpern und die Körperbehaarung. Allein die Augenbrauen sind mir zum größten Teil geblieben – und „die Haare auf den Zähnen“, als kleiner Scherz am Rande!

Bevor die zweite Therapie vom 13. bis 15. Oktober starten konnte, erhielt ich zwei Beutel Bluttransfusion, da mein Hämoglobinwert mit weniger als acht Gramm pro Deziliter sehr niedrig war. Das Blut – es sind im Grunde genommen nur Blutbestandteile – kam aus der Stadt, in der die „Tattergreise“ und Millionäre leben und wird vor Verabreichung bestrahlt, damit der Körper des Patienten nicht allergisch reagiert. Es ist ja auch Blut eines fremden Menschen. Das Blut lassen sie beim ersten Mal ganz langsam (zwei Stunden lang) durchlaufen, da man vermeiden will, dass die eigenen Antikörper mit dem fremden

Blut reagieren. Schlimmstenfalls könnte man sich mit den HI-Virus infizieren. Meines Wissens wird dies durch Tests ausgeschlossen. Die Transfusion habe ich aber sehr gut vertragen: keinerlei Reaktionen! Am nächsten Tag war ich sogar regelrecht fit.

Bei dieser zweiten Therapie war ich schon noch nervös, doch ich zitterte nicht mehr ganz so stark. Ich musste mich nur genug ablenken, einfach schlafen oder Musik hören. Das „Gift" bekam ich wieder vormittags. Auch hier waren meine Eltern dabei. Sie warteten wieder bis ich die Spritzen intus hatte und gingen dann heim oder in der Stadt etwas erledigen. Irgendwie finde ich das recht ungewöhnlich, denn man will ja das Kind eigentlich über den langen Zeitraum der Chemotherapie und Antikörpergabe ablenken oder unterhalten, meine Eltern aber nicht – hmmm … Muss ich mir da jetzt Sorgen machen? Denn aus medizinischer Sicht kann immer noch etwas Unvorhergesehenes passieren. Dafür kamen sie wieder am Nachmittag nach dem Essen, wenn die ganze „Scheiße" vorbei war (lach!). Sie brachten allerlei Krimskrams mit – auch Geschenke von Freunden und Verwandten, dazu allerlei Obst, auch Kuchen, damit ich an Gewicht zulegen konnte.

Das Cortison haben mir die Schwestern irrtümlicherweise wieder per Spritze verabreicht, obwohl ich ja schon beim ersten Mal davon erbrochen hatte. Sorry, dass ich das jetzt mal sagen muss, aber irgendwie haben die Schwestern auf der Station A1 das nicht so auf dem Schirm. Auch auf die Medikamentengabe muss man selbst achten. Kaum zu glauben, vieles muss man allein organisieren (seufz!). Wie ich mitbekommen habe, werden die Patientenakten, in denen geschrieben steht, was ein Patient an Medikation und Mitteln bekommt, für den nächsten Tag oder die nächste Schicht nicht immer kopiert oder weitergegeben: „Ein Saftladen ist das hier – ne, ne, ne!“

Antikörper und Chemotherapie ließen sie diesmal schneller laufen, da ich bei der ersten Therapie keine Reaktionen zeigte. An diesen Tagen war ich recht gut drauf und sagte während der Gabe immer wieder: „Tod den kranken Lymphozyten! Tod den kranken Lymphozyten!“ Die Nebenwirkungen waren ähnlich wie zuvor, doch mir fiel auf, dass ich schneeweiße Nägel bekam, mir hin und wieder die Finger kribbelten und die Zehen taub wurden. Immer wieder was Neues, ne!

Dummerweise bekam ich eine Woche nach der Chemotherapie auch noch eine Analvenenthrombose von der Verstopfung, ausgelöst durch das Medikament Granisetron (gegen die Übelkeit). Mannomann, war das schmerzhaft! Die ersten Tage heulte ich vor Schmerzen und musste Novalgin nehmen. Der Proktologe sagte, das vergehe ganz von allein. Ich solle eine schmerzstillende Creme und Feuchttücher verwenden. Zudem besorgten mir meine Eltern einen Sitzring aus Gummi. Man kommt sich damit zwar etwas blöd vor, aber es hilft, weil man nicht direkt auf dem Knubbel am After sitzen muss. Als ich nach der zweiten Therapie beim Hausarzt zur Blutabnahme war, musste ich vorher auf die Toilette. Danach saß ich wie ein Häufchen Elend in einem Stuhl, käsebleich, kippte fast vom Stuhl und war kurz vorm Zusammenbruch. Ich muss sagen, die Analvenenthrombose war die schmerzhafteste Erfahrung unter all den Nebenwirkungen.

Eine Woche nach dem zweiten Zyklus brachten meine Eltern mich zu einer Haarstylistin in die nächstgelegene Stadt, um meine Haare komplett abrasieren und mir eine Perücke anfertigen zu lassen. Zu diesem Zeitpunkt sah mein Kopf wirklich nicht mehr schön aus. Überall waren kahle Stellen. Mein Vater hat ein Foto davon gemacht, aber ich habe es sofort gelöscht. Das muss nun wirklich keiner sehen. Zur Schädelrasur musste ich meine Brille absetzen und konnte diese kaum mitverfolgen. Aber das Ergebnis, die Glatze, fand ich toll, zwar ungewohnt, doch überhaupt nicht hässlich. Ich finde, ich habe einen schönen runden Kopf. Die Suche nach der passenden Perücke gestaltete sich etwas schwieriger, weil mein Kopf so klein ist (Umfang: 48-49 cm) und die Kunsthaarperücken alle so buschig sind. Ich habe mich für diese Sorte entschieden, da Echthaarperücken sehr teuer sind und man sie ständig pflegen sowie stylen muss. Kunsthaarperücken sind hingegen pflegeleicht. Drei Wochen vergingen, bis ich meine Perücke hatte: eine dunkelrote, da ich mein Haar zuvor kupferfarben gefärbt hatte, dieser Ton aber leider nicht erhältlich war. Ich hatte so meine Probleme damit, denn wenn ich sie trug, erkannte ich mich kaum wieder, empfand mich irgendwie als eine andere Person. Das war ich einfach nicht. Wenn ich das Foto mit dieser Perücke betrachte, sitzt da eine Frau, der ich noch nie begegnet bin. Deswegen setzte ich sie nur zu besonderen Anlässen auf. Bei der Haarstylistin haben wir zusätzlich noch drei Mützen und dazu passende Bänder gekauft. Diese trug ich eigentlich immer, auch nachts, da ich gemerkt hatte, dass mein Kopf spätestens nach einer Stunde auskühlt. Man sagt, vier Wochen nach der letzten Chemotherapie wachsen die Haare wieder nach. Ich dachte: mal schauen, was passiert :-).

die rasierte Katze (Quelle: www.debeste.de)

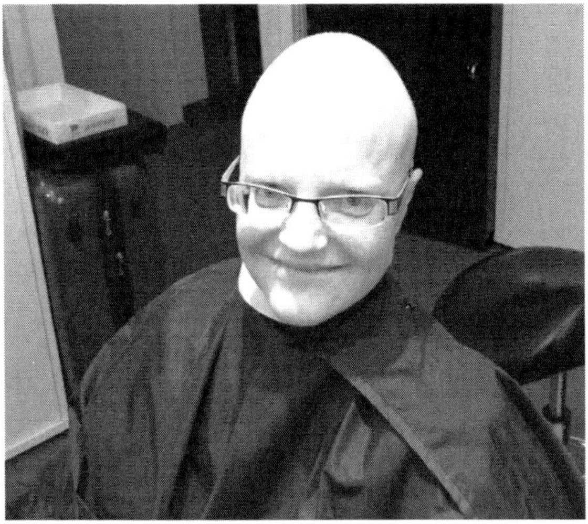

Der rasierte Kopf

Die neue Perücke

Mützen und Bänder

Nach dem Besuch beim Friseur, daheim in meinen eigenen vier Wänden, habe ich einigen alten Freunden WhatsApp-Nachrichten geschrieben. Doch es haben sich viele gar nicht mehr gemeldet. Sie haben sich von mir abgewendet, wahrscheinlich weil sie mit meiner Krankheit nicht umzugehen wissen. Aber ich bin doch nicht verseucht oder so. Ihre Reaktion würde ich ja verstehen, wenn ich jetzt HIV positiv wäre, aber doch nicht bei Krebs. Es ist traurig, wenn viele Menschen, von denen ich dachte, sie würden mit mir ein Leben lang durch dick und dünn gehen, mich einfach fallenlassen und „wegwerfen", im Grunde genommen wie kaputt gegangen und nicht mehr zu gebrauchen.

Ich fühlte mich damals ziemlich oft wie im goldenen Käfig, weil ich nicht viel hinaus durfte, nicht auf Veranstaltungen, nicht auf Messen, nicht ins Fitnessstudio – rein gar nichts durfte ich. Ich sollte sogar große Menschenmengen und Kleinkinder meiden, da mein Immunsystem komplett unterdrückt wurde und die Ansteckungsgefahr zu hoch war.

Als ich bei meinen Eltern zu Besuch war, sind wir zuerst in die Stadt der „Tattergreise“ und Millionäre auf den Friedhof gefahren und haben dort die Gräber meiner Omis und meines Opas gesäubert und geschmückt. Danach sind wir spazieren gegangen, ganze zwei Stunden lang. Das Wetter war bombastisch. Es ging mir auch recht gut und wir begegneten nur sehr wenigen Menschen, sodass ich keinen Mundschutz tragen musste. Der ist nämlich normalerweise Pflicht, wenn man sich draußen aufhält. Der Spaziergang hat mir große Freude bereitet. Hier ein Bild mit meiner Mutter.

Meine Mutter

Am nächsten Tag habe ich meine lieben Kollegen aus dem Beresany-Baumarkt besucht. Es war wie immer ein herzlicher Empfang und meine Kollegin aus dem Gartenbereich hat mich zum ersten Mal umarmt (freu!). Mitgebracht hatte ich Kaffee und

Naschereien, damit man ja nicht vor lauter Schufterei verhungert. Man wünschte mir weiterhin gute Besserung und viele Daumen wurden gedrückt. Überraschenderweise meldete sich mein Vorgesetzter am Abend noch einmal bei mir. Das fanden sogar meine Eltern wirklich herzlich und nett.

5. Fast Routine: Dritter bis fünfter Zyklus

Bei der dritten Therapie Anfang November war ich schon recht entspannt. Ich zitterte nun nicht mehr, aber etwas Nervosität war schon noch spürbar. Klar, wieder Kopfhörer auf und gesungen (hihi!). In diesen Momenten war es mir auch egal, wenn man mich auf dem Flur hören sollte. Falls ja, haben die sich bestimmt an den Kopf gelangt und gedacht: Häh? Die kriegt gerade eine Chemotherapie und singt dabei? Ich weiß, ich hab schon immer ein verrücktes Hirn gehabt.

Zu erwähnen wäre noch, dass man jedes Mal, wenn man neu ins Krankenhaus kommt, Stäbchenproben abgeben muss, damit festgestellt werden kann, ob man einen Krankenhauskeim hat. Der kann ja durchaus auch vom letzten Aufenthalt stammen. Die Stäbchenproben macht man im Mund, in der Nase und in der Poritze. Eine Schwester fragte mich, ob ich dazu Hilfe benötige. Doch ich war mir sicher, ihr nicht mein Hinterteil entgegenzustrecken, damit sie da Proben nimmt. Ne, ne, das tat ich schön selbst (pfff!).

Am Morgen vor der dritten Therapie teilten mir die Schwestern mit, dass ich leider einen VRE-Keim (Enterokokken) im Darm habe. Den kann man sich allein dadurch einfangen, dass man sich auf eine Toilette oder ein Bett setzt, sofern diese oder das noch nicht gesäubert wurde. Das hieß jetzt, dass sich jeder, also wirklich jeder, der mit mir zu tun hatte, sich vermummen und Schutzkleidung tragen musste, denn der Keim könne nach Aussage der Pfleger ja auch an meiner Kleidung haften. Aber das kapiere ich nicht. Ich fasse mir doch nicht an den Hintern und dann an die Kleidung, ohne mir vorher die Hände zu waschen und zu desinfizieren. Also manche Aussagen sind wirklich fragwürdig. Auch ich musste mich verkleiden, vor allem wenn ich auf dem Flur spazieren gehen wollte.

Gegen den VRE-Darmkeim musste ich nichts einnehmen. Man sagte mir, der verschwinde von selbst. Gott sei Dank – und dafür bin ich ihm wirklich dankbar – war es kein MRSA-Keim, denn der ist äußerst schwer zu behandeln und kann zum Tode führen. Ich fand das alles schon echt schlimm, dass man sich auf die Hygiene nicht einmal im Krankenhaus verlassen konnte. Da geht man rein, um gesund zu werden und fängt sich dann noch solchen Scheiß ein. Reicht es nicht schon, eine tödliche Krankheit zu haben? (Das ist ein mittlerweile gravierendes bzw. zivilisatorisches Problem und hat mit der Klinik als Institution sowie mit der zunehmenden Antibiotikaresistenz zu tun.) Die Tage darauf herrschte ein heilloses Durcheinander. Mal war ich aufgrund des Keims isoliert, dann wieder nicht, dann teilisoliert, weil meine Blutwerte noch nicht in Ordnung waren, ich aber den VRE-Keim nicht mehr hatte. Es kam auch darauf an, welcher Pfleger oder welche Schwester gerade Schicht hatte und dementsprechend schon informiert war oder auch nicht. Mein Hausarzt wollte, dass ich erst den VRE-Keim loswurde, bevor die nächste Therapie beginnen würde. Wahrscheinlich bestand sonst die Gefahr, dass ich schwerwiegende Darmprobleme bekommen könnte. Doch der Chefarzt bestand darauf, die Chemotherapie durchzuführen und versicherte, dass es keine Probleme mit dem Darm geben werde. Ich kann mich auch nicht daran erinnern, Probleme deswegen gehabt zu haben. Der Keim war eben für einige Tage ein weiterer Mieter in meinem Körper.

Die Chemotherapie und Antikörpergabe verliefen genauso wie die beiden zuvor. Doch bei dieser dritten Therapie hatten die Schwestern es endlich verstanden: Ich erhielt das Cortison per Infusion (yippieh, kein Brechreiz mehr). Diesmal kamen meine Eltern auch erst gegen Mittag, als ich die ganze Chemie bereits im Körper hatte. Doch das war echt ungünstig, denn zu dieser Zeit gab es stets das Mittagessen. Aufgrund dessen sind meine Eltern selbst erst einmal eine Brezel oder etwas anderes essen gegangen. Auch habe ich meine Probleme gehabt, richtig essen zu können, wenn man mir dabei zuschaute. Dann ging nicht so viel hinein.

Nach dieser Therapie fühlte ich mich nicht so gut. Ich spürte die Nebenwirkungen deutlich heftiger. Vielleicht lag es daran, dass es Spätherbst, also nass und kalt war oder ich bei der Gabe nicht so gut drauf war. Auch bemerkte ich das erste Mal, dass mein Denken beeinträchtigt wurde, das heißt ich hatte Wortfindungsstörungen und meine Zunge fühlte sich an, als sei sie verknotet.

In dieser Zeit fiel mir ein, ich könnte ja aus all meinen Erfahrungen eine Geschichte machen und sie später als Buch veröffentlichen. Deshalb begann ich schon im Krankenhaus mit den Notizen und bastelte während der drei Wochen Ruhezeit daheim am Laptop eine Geschichte daraus. Die allein fand ich jedoch zu langweilig, viel mehr wollte ich darüber aufklären, was ein NH-Lymphom überhaupt ist, was die medizinischen Begriffe bedeuten und wie man sich beim Essen verhalten sollte. Weitere Hirnprobleme traten erst einmal nicht auf – doch das sollte sich noch ändern.

Meine äußerst fürsorglichen Eltern gingen mir schon gelegentlich auf die Nerven. Zu viel davon ist auch nicht gut. Der Patient braucht zwischendurch mal eine Pause, denn die Therapie ist sehr anstrengend für Kreislauf und Organismus. Ich wurde immer öfter gefragt, ob man mir behilflich sein könne, ob ich etwas benötigte oder mir wurde – wie schon mein ganzes Leben lang – immer an den Klamotten herumgefummelt. Auch wollte man mir Entscheidungen abnehmen oder sagen, „Tu dies, tu jenes“. Ich war zwar schwerkrank, ja, aber ich lag nicht im Sterben und war bereits alt genug, Entscheidungen selbst zu treffen. Ich weiß, das war alles unglaublich lieb gemeint, auch weil sie sich so große Sorgen machten und ängstigten, ihr kleines „Bienchen“ zu verlieren (so wurde ich als Kleinkind immer von meiner Schwester genannt), aber es war mir einfach zu viel.

Meine Mutter hat aufgrund meiner vielen Krankheiten ein breites medizinisches „Halbwissen“ und dem Arzt daher Löcher in den Bauch gefragt. Das mochte der ganz und gar nicht. Er flüchtete immer schon fast, wenn er meine Eltern bei der Visite zu Gesicht bekam. Doch so konnten mir meine Eltern oft die Informationen der Ärzte übersetzen, weile viele lateinische Begriffe verwendet werden.

Zwei Bilder während der dritten Therapie.

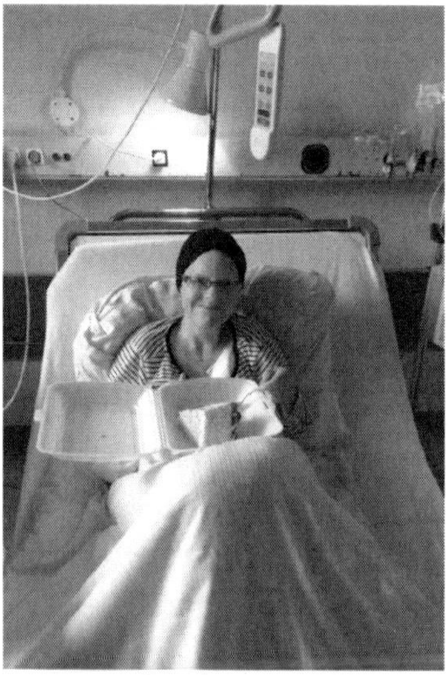

Der Kuchen (Nervennahrung)

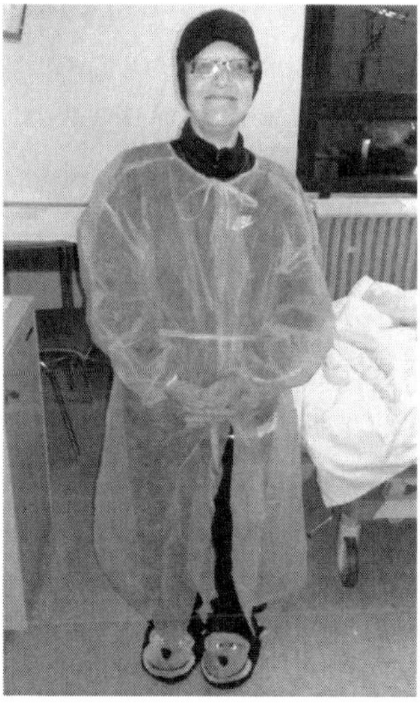

Vermummung

Als vom 24. bis 26. November 2016 die vierte Therapie anstand, wurde ich in die Josephinenklinik auf die Station J6 verlegt, da im Vilaminjo-Krankenhaus kein Bett frei war. Eigentlich ist das eine Klinik, in der nur Frauen liegen, die entbinden. Wie mir jedoch gesagt wurde, haben die sogar eine eigene Onkologie. Ich war von der Klinik begeistert, denn hier waren die Zimmer größer, die Speisen wesentlich schmackhafter, die ganze Atmosphäre war freundlicher und das Pflegepersonal auch. Sie waren richtig entspannt und man hat ihnen den Stress nicht angemerkt. Vor der Therapie musste ich wieder fremdes Blut bekommen, da mein Hämoglobinwert abermals nicht ansteigen wollte. Doch ich freute mich darauf, denn am nächsten Tag fühlt man sich immer, als ob man Bäume ausreißen könnte. Mittlerweile bin ich ein richtig gieriger Vampir geworden und lechze ständig nach Blut (lach!). Die Bluttransfusion dauerte fünf Stunden, obwohl ich ja schon Blut bekommen hatte. Aber jede Klinik hat so ihre eigene Vorgehensweise.

Der Assistenzarzt, der mir diesmal die Nadel legte, ist ein wahrer „Augenschmaus“. Wir verstanden uns auf Anhieb, und da er ein sehr entspannter Arzt war, fühlte ich mich in seiner Nähe recht wohl. Das Anstechen der Nadel sowie die Blutentnahme funktionierten einwandfrei. Während meine Eltern mit mir auf die nächste Chemotherapie warteten, gingen wir in den Aufenthaltsraum auf der Palliativstation, in dem auch die Schwestern und Pfleger ihr Mittagessen einnehmen. Direkt davor steht ein Home-Trainer, also ein Ergometer-Fahrrad. Aus Jux und Dollerei habe ich es ausprobiert. Es hat Spaß gemacht und ich habe keinen Schaden davongetragen, obwohl man mir ja gesagt hat, dass ich mich während der ganzen Therapiezeit schonen solle.

In dieser Klinik lernte ich ein sehr junges Mädchen kennen – echt hübsch, mit langen braunen Haaren. Sie absolvierte gerade ein FSJ, also ein Freiwilliges Soziales Jahr und war hier in verschiedenen Bereichen tätig. Nun verbrachte sie ihre Zeit auf meiner Station – was irgendwie falsch ausgedrückt ist, denn es ist ja eine onkologische Station (schmunzel). Zu ihren Aufgaben gehörten die Essenausgabe, die Zimmerkontrolle, die Handtücherausgabe und sonst hat sie oft den Schwestern assistiert. Anne-Kathrin ist eine sehr quirlige, humorvolle, liebenswürdige und aufmerksame Person, die sehr oft in mein Zimmer kam, um einfach nach dem Rechten zu sehen oder sich zu unterhalten. Sie hat sich immer schier nicht eingekriegt, weil ich in dem riesigen Bett fast unterging. Ich habe mich gegen Ende meines Aufenthalts mit ihr angefreundet und wir haben Zettelchen mit unseren Kontaktdaten ausgetauscht. Zu erwähnen wäre noch, dass sie witzigerweise in dem Dorf wohnt, in dem die Firma sitzt, bei der mein Mann angestellt ist. Wie klein die Welt doch ist! Das stelle ich immer wieder fest.

Als ich mit meiner Arbeitskollegin WhatsApp-Nachrichten austauschte, berichtete sie mir, dass Anfang Dezember in der Nähe des Beresany-Baumarktes die Weihnachtsfeier stattfinden werde und es schön wäre, wenn ich teilnehmen könne. Ich fragte den Chefarzt Prof. Dr. Meinzer, ob das möglich sei, doch er musste mich natürlich enttäuschen. Die Ansteckungsgefahr sei immer noch zu groß und bei einer Weihnachtsfeier wimmele es nur so von Menschen, die auch zum Teil in dieser Jahreszeit erkältet seien. Mit Bedauern musste ich meiner Arbeitskollegin also leider absagen (schnief).

In diesem Zeitraum war ich etwas depressiv, wahrscheinlich aufgrund des schlechten Wetters. Es ging mir auch körperlich nicht so gut. Mir fehlte in diesem Moment die Kraft weiterzukämpfen, doch andererseits wollte ich ja leben und noch viel Zeit mit Freunden und Familie verbringen.

Drei Wochen nach der vierten Therapie erfolgte dann ein Kontroll-CT. Der Befund am 14. November 2016 war hervorragend, denn 90 % des Lymphoms waren bereits verschwunden. Das war wieder ein Ansporn weiterzukämpfen! Laut Fachliteratur schwindet der Tumor bei jeder Chemotherapie um durchschnittlich 16 %, das heißt, erst bei der sechsten Chemotherapie dürfte ich eigentlich gar kein Lymphom mehr haben. Ich fragte den Chefarzt der Onkologie, ob ein Lymphom Metastasen bilden könne und schlafende Zellen habe, wie man es von anderen Tumoren her kenne. Er verneinte jedoch beides. Zwar könne an einer anderen Stelle wieder ein Lymphom entstehen, aber das nenne man dann nicht Metastase, weil ein Lymphom aus den Lymphozyten entstehe und daher diffus sei, das heißt, auf mehrere Stellen verteilt sein könne. Schlafende Zellen gebe es bei einem hoch-malignen Lymphom auch nicht, da dies schnell wachsende, aggressive Zellen seien, die sich auch noch rasant teilen könnten.

Die Prozedur des Kontroll-CTs Ende November 2016 war nicht unproblematisch. Und zwar bin ich aufgrund meines immer noch schwachen Immunsystems ja komplett eingepackt und mit Mundschutz zu der Röhre in einem anderen Haus gefahren worden. Mein Vater ging mit und saß im Wartezimmer. Im Untersuchungsraum fragte man mich das allererste Mal, obwohl ich schon einige Computertomografien hinter mir hatte, ob ich denn schwanger sei. Da mein Mann und ich einige Zeit vorher Geschlechtsverkehr hatten, obwohl es ja eigentlich untersagt worden war, wusste ich das nicht so genau und kreuzte auf dem

Papier „unsicher“ an. Dann ging es los: Der zuständige Radiologe rief genervt das gesamte Personal auf der onkologischen Station an, wie man denn jetzt vorgehen solle, weil ich ja ein unterdrücktes Immunsystem hätte und nicht hinaus dürfe. Sein Vorschlag war, ein Arzt von der Josephinenklinik solle herkommen und einen Schwangerschaftstest mitbringen. Man entschied, dass ich in eine sogenannte Bettschüssel pinkeln sollte, im CT-Raum! Schließlich kam der Arzt, durfte wegen mir aber nicht in den Raum kommen und nahm den Test daher an der Tür entgegen. Die Radiologin wusste nicht, wie man einen Schwangerschaftstest durchführt, ich auch nicht. Also wurde erneut auf der Station angerufen, wie das Ding denn zu benutzen sei. Als dann endlich alle „Probleme“ beseitigt waren, musste ich vor beiden Radiologen meine Hose herunterlassen, die kupferne Schüssel von hinten unterschieben (ein Riesen-Oschi sag ich Euch; da hätte mein ganzer Hintern reingepasst) und ja, dann pinkel erst mal vor anderen Leuten. Mir war das äußerst unangenehm, richtig peinlich! Es ging dann auch erst nach zwei Minuten etwa. Alle blickten gespannt auf den Test, den wir vorher natürlich wie beschrieben getränkt hatten. Der bunte Streifen kam, Gott sei Dank nur einer, war aber am falschen Ende. Man hat dann nochmals auf der Station angerufen, ob ich denn jetzt trotzdem schwanger sei oder nicht. Endergebnis: Nicht schwanger! – Meine Güte, ich glaube bis sie das CT machen konnten, war eine halbe Stunde oder mehr vergangen. Mein armer Vater, der dachte sich wahrscheinlich: Was ist denn jetzt los? Gibt es irgendwelche Komplikationen? Also meine lieben Damen, Ihr wisst nun: Wenn ein CT ansteht, vorher Geschlechtsverkehr meiden!

In der dritten Woche nach der vierten Therapie, in der ich daheim wieder recht fit war, besuchte mich meine Arbeitskollegin aus dem Pflanzenbereich des Baumarkts nach ihrer Arbeit. Sie brachte Kuchen mit und ich bereitete Tee dazu. Sie war noch recht schockiert von meiner dürren, blassen und ausgemergelten Statur und fragte mich des Öfteren, ob es mir heute auch wirklich gut gehe. Die Chemie hat aber von Anfang an gestimmt und wir unterhielten uns ganze drei Stunden lang. Ein Schutzengelchen hat sie mir auch geschenkt – wie süß! Ich empfinde es als Ehre, wenn mir jemand, den ich noch nicht so lange kenne, einen Besuch abstattet – voll lieb die gute Frau!

Die fünfte Therapie am 19. Dezember 2016 war völlig entspannt, da ich ja auch schon Routine entwickelt habe und jeden einzelnen Schritt kannte. Nach den beiden Tagen in der Josephinenklinik fühlte ich mich sogar richtig fit und hatte noch keinerlei Anzeichen von irgendwelchen Schmerzen oder Nebenwirkungen. Das fand ich sehr positiv. Es war andererseits aber auch irgendwie merkwürdig. Die folgenden Tage empfand ich auch nicht als wirklich schlimm. Klar, habe ich manches gespürt, vor allem auch wieder die Knochenschmerzen, sogar im Kiefer. Der Geschmackssinn ging verloren, das nächtliche Schwitzen und die täglichen Blähungen waren lästig, aber sonst war ich sehr zufrieden. Es hätte ja alles viel schlimmer kommen können. Die kognitiven Störungen aber hielten an. Ständig musste ich meinem Mann sagen: „Du weißt, was ich meine." Oder ich wollte etwas aussprechen, doch die Zunge kam mir vor wie verknotet. Hinzu kam noch, dass ich ständig etwas vergaß und fluchte: „Himmel, Arsch und Zwirn! Was das Gift alles mit einem anstellt – unglaublich!"

Ich muss ehrlich gestehen, dass es nachts im Krankenhaus gelegentlich recht schwierig ist zu schlafen. Die Schwestern und Pfleger veranstalten mitunter regelrecht „Randale" auf dem

Flur. Da schreckt man schon mal hoch – und das aus dem Tiefschlaf. Aber morgens wird man gleich um halb sieben wieder geweckt. Dabei dachte ich oft, man solle sich im Krankenhaus doch erholen!

Auch wenn ich die Tage darauf häufig unter schlechter Laune litt und es langsam leid war, das alles ertragen zu müssen, sagte ich mir stets: „Den Rest packe ich auch noch, komme was wolle." Dank meines starken Überlebenswillens hab ich nie daran gedacht aufzugeben. Meine Eltern brachten mir erneut Geschenke von ihren Freunden mit. Diesmal bekam ich einen Kalender mit aufbauenden Sprüchen und selbstgebackene Kekse. Diese habe ich natürlich sofort schnabuliert. Ein weiteres Geschenk von der Frau meines Patenonkels enthielt eine Bildercollage sowie selbst gestrickte Winterkleidung. Hiermit nochmals vielen Dank an beide Parteien!

Ich sehe aus, als hätte ich gekifft (lach!).

6. Weihnachten der Hoffnung

An Weihnachten waren mein Mann und ich bei meinen Eltern. Wir freuten uns, denn mir ging es relativ gut und ich hatte eine Überraschung parat. Ich hatte mich als Engelchen verkleidet. Das Kostüm bestand aus einem richtig langen, weißen Kleid mit aufgenähten Sternchen aus Gold. Auf dem Rücken klebten Engelsflügel aus Stoff und als Kopfschmuck gab es einen Plastikreif mit einem goldenen Heiligenschein aus Aluminiumpapier.

Weihnachtsengel

Als Vorspeise gab es Feldsalat mit Entenleber, als Hauptspeise baskisches Hähnchen mit Reis und Kartoffeln und als Nachtisch so kleine Eistörtchen. Auf jeden Fall bekam mir das Menü sehr gut, da das Hauptgericht sehr weich war. Die Nachspeise genoss ich vor allem, weil es die etwas entzündete Mundschleimhaut kühlte.

Der Abend war fröhlich, doch aufgrund meiner Erkrankung auch sehr emotional. „Zu allem Überfluss" hatte ich ja auch noch lange Briefe an meine Lieben geschrieben, die dann alle an Heiligabend zu heulen begannen. Ich glaube, nächstes Jahr lasse ich das lieber. Als meine Mutter den Brief gelesen hatte, sah ich schon wie ihre Augen feucht wurden, bis sie lachend und heulend zugleich sagte: „Ach Scheiße ...!" Im Nachhinein muss ich darüber echt lachen (:-D). Es klang einfach so witzig, wie sie es aussprach. Wir übernachteten bei meinen Eltern. Mein Mann fuhr am Morgen darauf für vier Tage zu seiner Familie nach Bayern. Während dieser Zeit blieb ich bei meinen Eltern.

Nach Heiligabend ging es mir zwei Tage lang nicht so gut; ich hatte Magen-Darm-Probleme. Es war wohl alles ein bisschen zu viel des Guten? Das schmackhafte reichliche Essen, der für mich relativ viele Alkohol – es waren ja nur zwei oder drei Gläser – die Emotionen und vieles mehr. Aber so etwas nimmt man eben in Kauf, um einen unvergesslichen Abend zu haben.

Ein oder zwei Tage später, ich weiß es leider nicht mehr genau, begann mein Herz zu rasen und zu stolpern. Ich fühlte mich unglaublich schwach. Da ich ohnehin zur Blutabnahme zum Hausarzt in die Innenstadt musste, sagte ich dort Bescheid, wie ich mich fühlte. Der Hausarzt meinte, der hohe Puls käme vermutlich vom zu niedrigen Hämoglobinspiegel. Also brauchte ich erneut eine Bluttransfusion? Ich wollte jedoch abwarten und nahm daheim Korodin, machte ganz ruhige Spaziergänge, hielt meine Handgelenke minutenlang unter eiskaltes Wasser und atmete immer ganz tief aus. Nichts half. Als ich am nächsten Morgen mit meinen Eltern in der Stadt war, ging gar nichts mehr. Ich war schon nach fünf Metern völlig erledigt und mein Herz raste ständig. Also wurde ich heimgefahren und auf die Couch gepackt, die Eltern sind dann nochmal allein fort. Am Nachmittag haben wir dann Fieber im Ohr und den Puls gemessen. Der lag bei 124 und der Blutdruck war entsprechend niedrig, die Temperatur lag beim ersten Check bei 38° C. Doch wir stellten fest, dass irgendetwas nicht stimmen konnte, da das Fieberthermometer nicht recht ins Ohr passen wollte. Das Ding schien so groß wie mein eigenes Ohr zu sein. Bis wir herausfanden, dass wir die Schutzkappe drauf gelassen hatten. „Oh Mann, wie peinlich (lach!), wie blöd kann man nur sein (aaah!). Beim zweiten Versuch ohne Schutzkappe hatte ich nur 36,8° C. Schlussendlich haben wir aber aufgrund meiner immensen Schwäche doch in der Klinik angerufen. Der Chefarzt meinte, ich solle noch heute vorbeikommen.

Mein Mann war an diesem Tag schon wieder aus Bayern zurück und fuhr mich ins Vilaminjo-Krankenhaus. Dort sollte ich zuerst zur Blutabnahme in die hämatologisch-onkologische Ambulanz und danach zum EKG. Zu diesem Zeitpunkt war das Blut noch in Ordnung und das EKG war außer dem hohen Puls unauffällig. Der Chefarzt der Onkologie wollte mich dennoch da behalten. Nach der Grunduntersuchung vermutete er einen Infekt, der erst am Entstehen war. Das kam mir seltsam vor, denn ich hatte keine Erkältungssymptome. Auf jeden Fall bekam ich auf der Station A1 ein Breitbandantibiotikum, eine verdammte Woche lang. Am Tag nach der Einlieferung sanken meine Blutwerte, vor allem die Leukozyten, drastisch ab, sodass sich alle verkleiden und Mundschutz tragen mussten (Schutzisolation). Meine Leukozyten waren sogar bei 500 je Mikroliter gelandet (der Normalwert liegt bei 4000/µl). Bei so niedrigen Leukozyten-Werten sind Rohkost und Perenterol, also Hefe gegen Durchfall, verboten. Ich bekam dann zwei Blutbeutel, an einem Tag zwei Spritzen in den Bauch für die Erhöhung der Leukozytenwerte und noch Elektrolyte (1,5-Liter-Beutel). Ich war extrem nervlich angespannt und irgendwie auch am Boden zerstört, denn es war kurz vor Silvester. Aber man erlaubte mir nicht, für einige Stunden heimzugehen, weil das Antibiotikum drei Mal täglich über die Vene verabreicht werden musste. Wenigstens durften die Familie und Freunde an Silvester ins Zimmer kommen. Ich hatte versucht vorzuschlafen, was aber überhaupt nicht funktionierte. Also habe ich mich anderweitig beschäftigt.

In jener Silvesternacht 2016, als dann Familie und Freunde zu mir kamen, natürlich alle schön verkleidet, mit Handschuhen, grünen Kitteln und Mundschutz, heulte ich erst einmal Rotz und Wasser und ließ meinen ganzen Frust heraus. Zudem beherrscht mich an Silvester, wenn die Böller in die Luft geschossen werden, stets ein bedrückendes Gefühl, weil das alte Jahr verabschiedet wird und mir dann etliche Gedanken durch den Kopf schießen: Wie ist das Jahr denn gelaufen? Was hätte ich vielleicht besser machen können? In dieser Nacht kam hinzu, dass ich unserem Schöpfer dankbar war, dass er mich am Leben gelassen beziehungsweise mir noch eine Chance gegeben hat – die ich natürlich auch nutzen wollte. Dieser gedankliche Rückblick ist eine Tradition, die, soweit ich weiß, meine Eltern von den Großeltern übernommen haben.

Silvester ist nicht so mein Fall. Klar, die Farben sind gigantisch, wenn man sie im Himmel sieht, aber es ist mir irgendwie zu laut, es stinkt und ich habe manchmal Angst von einem Böller getroffen zu werden. Meinem Mann geht es da genauso, weil ihn als Jugendlichen einmal solch ein Böller am Arm gestreift hat. Seither bestaunt er auch nur noch von der Wohnung oder von der Ferne aus diese phänomenalen Farben. Das Feuerwerk ist mir zu laut, weil ich als kleines Mädchen direkt an Silvester mit zwei verbundenen Ohren nach einer OP aus dem Krankenhaus kam und die Trommelfelle noch extrem empfindlich waren. Ich saß auf dem Arm meines Vaters und habe geheult. Dennoch mag ich an Silvester die Knallbonbons, die Bleigießerei und die Wunderkerzen. Diese Sachen machen mir einen Heidenspaß! Weihnachten ist für mich hingegen deutlich entspannter. Manchmal wünsche ich mir, ich hätte deutlich weniger Emotionen, weil ich zum Teil echt sensibel bin. Aber dann wäre ich vermutlich ein eiskalter, abgebrühter Mensch, so wie jene Mörder, die aus Langeweile oder aus Dummheit jemanden einfach töten und dabei rein gar nichts empfinden. Meine Mutter sagt, die Emotionen nehmen mit dem Alter zu – na dann: Prost!

Meine Eltern brachten, wie schon erwähnt, an Silvester meinen Mann und noch ein befreundetes Ehepaar mit. Diese überaus nette, sehr jugendliche ältere Dame :-D hätte mich gern als Enkelin und meinte, ich dürfe sie ruhig Omi nennen. Das finde ich äußerst amüsant, was aber meine Eltern, besonders meine Mutter, wahrscheinlich nicht so toll finden würde(n), da auch meine eigentliche Oma mütterlicherseits vor nicht allzu langer Zeit die irdische Welt verlassen hat. Die irdische Welt muss man sich als die tatsächlich vorhandene Umgebung vorstellen, wie zum Beispiel die Erde, das Feuer, das Wasser und die Luft – die vier Grundelemente. Verlässt der Körper nun diese vier Grundelemente, bleibt nur noch die Seele bzw. der Geist bestehen und wandert in andere Sphären.

Als ich meinen ganzen Frust, wie schon beschrieben, herausgelassen habe, hat „mei Omi“ gemeint: „Jetzt trinke ma oina!“ Und schon habe ich wieder gelacht. Als dann eine Schwester kurz ins Zimmer schaute, meinte sie, dass hier ja eine Gespensterparty stattfinden würde, weil alle so herrlich verkleidet waren. Mit dem gesamten Personal bin ich inzwischen per Du, weil ich schon seit einem halben Jahr immer wieder im Krankenhaus weilte.

Kommen wir aber zur Silvesternacht zurück, denn ich merke schon, dass ich irgendwie abschweife. Man brachte alkoholfreien Sekt mit, den aber nur die anderen tranken. Ich habe mit Kamillentee (!) angestoßen, da ich durch das Antibiotikum Durchfall bekommen habe. Das sieht natürlich wahnsinnig toll aus beim Anstoßen und klimpert auch so wunderbar ;-). Wir haben Knallbonbons zerrissen und eine riesige Leuchtbrille gebastelt, die dann jeder einmal aufgesetzt hat. Kerzen darf man ja leider nicht anzünden und somit auch kein Bleigießen veranstalten (manno!). Auf der Station verteilten wir dann noch alkoholfreien Sekt. Die Belegschaft stand um Mitternacht draußen und sah sich das Feuerwerk an. Um halb zwei in der Früh waren dann alle wieder verschwunden.

Die Gespenster der Silvesternacht.

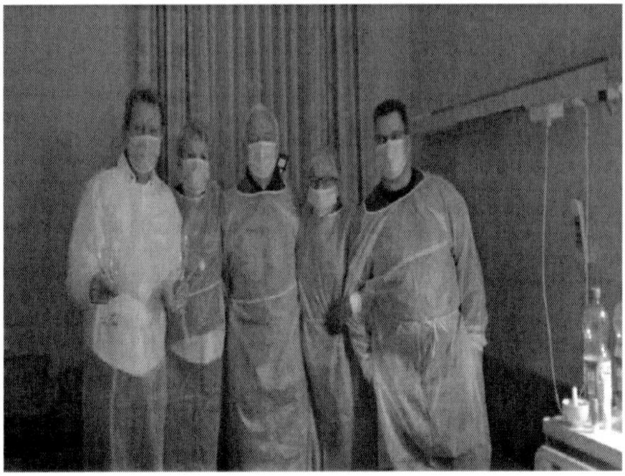

Alle zusammen

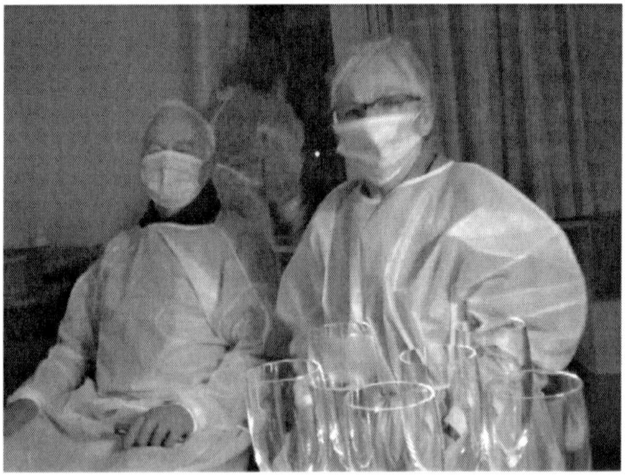

„Omi und Opa“

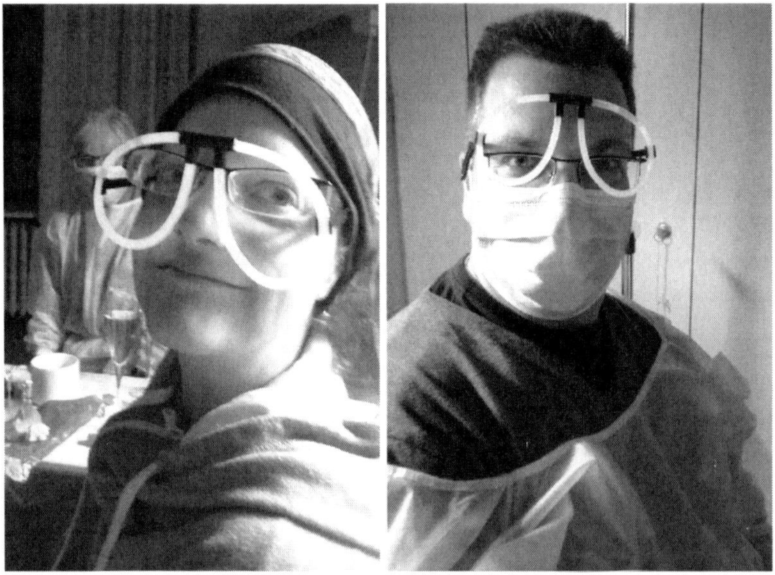

Ich bzw. mein Mann mit Leuchtbrille

Silvester fiel auf einen Samstag und der Chefarzt wollte mich eigentlich am Montag darauf wieder entlassen, doch er behielt mich schließlich bis Donnerstag, weil ich mich noch immer unwohl fühlte und die Erholungsphase zu kurz war. Zudem bekam ich an einem Abend heftiges Nasenbluten und etwas später Kopfweh, doch ich darf aufgrund meiner früheren ITP keine Blutverdünner wie zum Beispiel Aspirin einnehmen, wie mein Hausarzt damals sagte. Aber eigentlich müsste das schon längst überholt sein, da ich mir diese Krankheit 2011 zugezogen hatte. Wenn man übrigens in die hämatologisch-onkologische Notaufnahme muss, wird man automatisch im Vilaminjo-Krankenhaus auf der Station A1 behandelt. Der Wunsch, in die Josephinenklinik verlegt zu werden, ist dann nicht realisierbar.

7. Die schwierige Zielgerade

Der nächste Termin für die sechste Chemotherapie war elf Tage später, also Anfang Januar 2017, in der Josephinenklinik geplant. Es war ein Montag. Montage sind ja immer nicht so der Renner, weil das Wochenende vorbei ist, aber ich war richtig gespannt auf meine letzte Therapie. Doch nachmittags schickte man mich wieder heim, da meine Blutwerte noch immer nicht optimal waren. Das fand ich sehr nervig und merkwürdig, weil mir ja das letzte Mal im Krankenhaus, als ich den Infekt hatte, sämtliche Mittel verabreicht wurden, um meine Blutwerte wieder zu steigern. „Und jetzt nicht? Jetzt einfach wieder heimgehen?“ Ich fragte zwei Mal nach, weil ich es einfach nicht verstehen wollte. Man sagte mir, es sei vom Chefarzt der Onkologie so angeordnet worden. Meine Blutwerte würden sich mit etwas Schonung, Ruhe und ausreichendem Trinken von allein erholen. Wenn man mir jetzt eine Chemotherapie verabreichen würde, könne ich einen ganz gravierenden Infekt bekommen, so eine Ärztin. „Naja, noch einen Infekt kann ich ja nicht gebrauchen. Ich will ja endlich mit der Therapie fertig werden“, gestand ich. Prof. Dr. Meinzer sagte außerdem, das Lymphom sei wahrscheinlich schon verschwunden, weshalb die letzte Chemotherapie auch warten könne. Sie sei nur noch eine Zusatz-Chemo – zur Sicherheit. Apropos, was das Trinken anbelangt, sagte mir die Ärztin, dass ich drei Liter täglich trinken solle bis dahin. Ich war perplex: „Drei Liter? Ich bin gerade mal 150 Zentimeter groß. Wo soll das denn alles hinpassen?“

Am Morgen nach Erhalt des Bescheids, dass ich wieder heimgehen durfte, kam Frau Hangar vom Sozialdienst, der sich direkt im Vilaminjo-Krankenhaus befindet, zu mir, um die Vorgehensweise bei der zu beantragenden Rehabilitation zu besprechen. Doch als sie wahrnahm, dass ich gerade beim Packen war, vereinbarten wir, dass ich sie kontaktieren würde, sobald ich die letzte Chemotherapie bekommen habe. Zu Hause habe ich mich natürlich sehr viel ausgeruht, aber nur zwei große Flaschen täglich geschafft. Mehr geht halt nicht. Ich hatte den Schwestern ohnehin gesagt, dass ich nicht versprechen könne, dass sich meine Werte bis zum nächsten Termin erholen.

Dann kam der 24. Januar 2017 und es folgte ein erneuter Versuch, endlich meine letzte Chemotherapie zu bekommen, damit mal der erste Schritt, die Therapie, getan ist. Meine Blutwerte waren immer noch zu niedrig. Dabei hatte ich keinen Infekt mehr. Ich verstehe das alles nicht so ganz. Daheim habe ich mich ohne Ende geschont und täglich an die zwei Liter Wasser getrunken. Ich bin ja nicht mal mehr zum Spazieren hinausgegangen. Jetzt wollte man mir erst einmal zwei Beutel Blutkonserven einflößen und Spritzen in den Bauch geben, damit die Leukozytenwerte wieder steigen, mir danach die Antikörper geben, um dann am nächsten Morgen eventuell doch die Chemotherapie verabreichen zu können. Mannomann, ist das bescheiden! Aber das Positive war, dass es endlich mal wieder geklappt hat, von meinem Port Blut abzunehmen. Ein Wunder war geschehen :-). Die Schwester Maria Magdalena, die mich in der hämatologisch-onkologischen Ambulanz betreut hatte, war immer verzweifelt wenn ich kam und wollte flüchten, weil man mir doch so schlecht Blut abnehmen kann. Wenn sie nicht gestresst ist, ist sie eine liebevolle, witzige und fürsorgliche Schwester. Maria Magdalena meinte, nur bei kompletter Entspannung funktioniere die Abnahme. Ich vermute aber eher, dass sich in der Membrane ein Pfropf gebildet hatte, der sich durch mein vieles Trinken gelöst hat.

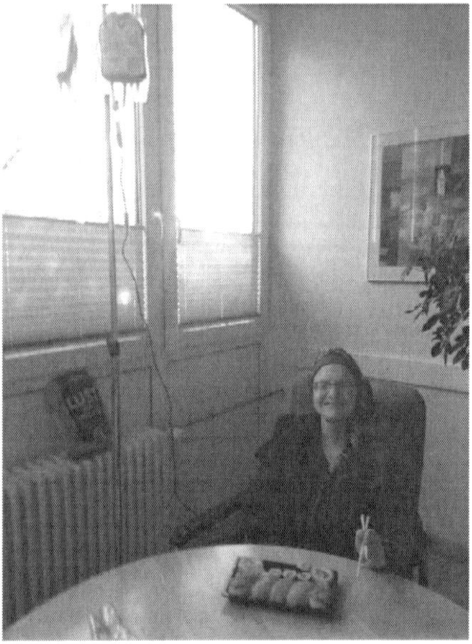

Rohes Blut und roher Fisch – „Yummie, yummie, yummie, I got hungry in my tummy“ (lach!).

In der Nacht habe ich ordentlich geschwitzt – auch eine Nebenwirkung der Antikörper. Nach der Spritze spürte ich, wie die Knochenschmerzen zurückkehrten und die Mundschleimhaut sich wieder veränderte. Am darauffolgenden Tag kam eine mir bis dahin unbekannte Ärztin zu mir und sagte, dass ich heute die Chemotherapie bekommen würde. Ich habe sie gefragt, wie sie das denn wissen könne, wenn sie doch noch keine Blutwerte habe. Daraufhin sagte sie in forscher und patziger Weise: „Ich bin hier die Chefin.“ Klar, Ärzte sehen es nicht so gern, wenn man ihnen ihre Arbeit erklärt, aber man muss doch nicht gleich so aufbrausend reagieren. Sie berichtete noch, dass ich in Abständen von drei Wochen noch zwei Mal Antikörper bekommen werde, um mein Immunsystem zu stärken. Frühestens in sechs bis acht Wochen könne dann die Reha stattfinden. Die Chemotherapie lief dieses Mal nur eine Stunde, die Antikörpergabe dauerte zwei Stunden, da ich die vorigen Male alles gut vertragen hatte.

An diesem Tag stellte ich allerdings noch fest, dass ich Wassereinlagerungen im linken Fuß hatte. Die „äußerst sympathische" Ärztin vom Vormittag sagte, dass ich was am Herzen haben könne. Da ich aber noch jung sei, wäre das alles nicht so dramatisch. Wie kann man so etwas nur behaupten? So lustig finde ich das nicht, in meinem Alter Herzprobleme zu haben – und die Jüngste bin ich auch nicht mehr.

Am Abend war ich sehr euphorisch, da ich endlich meine letzte Chemotherapie hinter mir hatte und der erste Teil meiner langen Krankheit Geschichte war. Ich war in Partylaune könnte man sagen, wollte vor Freude jauchzen und tanzen. Doch ich musste mich zusammenreißen, denn meine Bettnachbarin war unheilbar an Brustkrebs erkrankt und hatte schon einige Metastasen, auch im Bauchbereich. Sie erzählte mir, sie habe schon sechs verschiedene Chemotherapien hinter sich, und jedes Mal, wenn sie eine neue Therapie bekommen habe, hätten sich neue Metastasen gebildet. Zudem berichtete sie, dass zuerst die Metastasen im Bauch gefunden wurden und dann erst der Brusttumor, durch eine Sonografie. Ich überlegte, wie es denn möglich ist, erst die Metastasen zu finden und dann den eigentlichen „Auslöser". Aber man erklärte mir, eine Metastase habe eine völlig andere Struktur und es gebe da gravierende Unterschiede.

Es wäre mal interessant, so etwas auf einem Bild oder Röntgenbild zu sehen. Ihre Onkologin meine, es gebe wahrscheinlich keine Möglichkeiten mehr sie zu heilen. Sie sei vermutlich „austherapiert".

Irgendwie fand ich das fies. Wieso lässt man den einen Menschen am Leben, gibt ihm eine zweite Chance, wie mir zum Beispiel, und den anderen lässt man qualvoll sterben? Meine Bettnachbarin ist ja vielleicht gerade mal zehn Jahre älter als ich. Ich sagte ihr, sie solle trotz schlechter Diagnose nicht aufgeben, weiterkämpfen und nach Alternativen suchen, nach Heilpraktikern Ausschau halten oder auch an der Ernährung etwas ändern. Ihre Reaktion war, dass dies alles nichts mehr bringen würde. Irgendwann sei eben die Zeit gekommen, von der irdischen Welt Abschied zu nehmen. Ich fand es irgendwie traurig, dass sie offenbar auch psychisch aufgegeben hatte. Der Ehemann meiner Bettnachbarin hatte die ganze Zeit über mitbekommen, dass ich die aufbrausende Ärztin stets konterte und mit der Medikamentenausgabe der Schwestern nicht zufrieden war. Er sagte lachend zu mir: „Du bist aber eine Rebellin … Meine Güte! – Aber bleib weiterhin so frech, das steht dir gut!"

An meinem Entlassungstag kam der Oberarzt der Onkologie zu mir, da der Chefarzt unterwegs war. Er nahm sich sehr viel Zeit für meine Fragen und bestätigte noch einmal die Antikörpergabe in Drei-Wochen-Abständen – ambulant! Na super, ambulant kann ich doch gar nicht leiden, dachte ich. Er erwähnte, dass man danach das CT und das Endgespräch machen könne. Wann dann die Reha stattfinde, hinge aber von meinen Blutwerten und meinem Allgemeinzustand ab. Das habe ein Arzt zu entscheiden. Ich erzählte ihm, dass der Chefarzt die Vermutung hatte, dass ich eine genetisch bedingte Immunschwäche hätte, da ich seit der Kindheit immer wieder krank war. Meinen Vorschlag einer Stammzelltransplantation lehnte er kategorisch ab. Es sei zu riskant; ich würde ja nicht „abkratzen“ wollen.

Der Oberarzt wollte mit dem Chefarzt nochmal über meine eventuell genetisch bedingte Immunschwäche sprechen, und wenn es sich so verhalte, solle ich über einen längeren Zeitraum immer wieder mal Antikörper bekommen. Im Allgemeinen erklärte er noch, dass dies ein bis zwei Jahre dauern könne, bis meine Blutwerte von selbst wieder im Normalbereich stünden und dass ich wahrscheinlich über ein Jahr lang noch den Cotrim-Saft und die Aciclovir-Tabletten einnehmen müsse. Ich erwähnte noch eine eventuelle Bluttransfusion, da ich kurz vor meiner Menstruation stand. Aber er sagte, wenn ich mich schwach fühlen sollte, müsse ich vorbeikommen.

Nach dem Gespräch kontaktierte ich die Dame vom Sozialdienst, sie könne jetzt vorbeikommen. Wir besprachen die bürokratischen Angelegenheiten. Sie beantwortete geduldig alle meine Fragen und ich unterschrieb einen ganzen Papierstapel. Der Antrag für die Reha ging seinen Weg. Als ich kurz davor war zu gehen, kam die Ärztin nochmal herein und meinte, ich müsse noch drei bis vier Stunden hier bleiben, da ich einen viel zu niedrigen Kalium-Wert hätte und ich jetzt noch per Infusion eben Kalium verabreicht bekäme. Ich solle doch jetzt täglich eine Banane essen. „Boah ne, ihh, bei Bananen wird mir schlecht!“ Da ich in meiner Kindheit wegen häufiger Magen-Darm-Probleme immer wieder Bananen essen musste, kann ich die mittlerweile weder riechen noch essen. Aber Kalium könne man ja auch anderweitig zu sich nehmen. Ich solle nur keine Brausetabletten nehmen, da einem davon übel werde und ich ohnehin schon so dünn und entkräftet sei.

Zu Hause sollte ich mich noch drei Tage lang spritzen – leider in die Oberschenkel –, damit die Leukozytenwerte weiterhin steigen. Aber durch diese Spritze wurden auch die Knochenschmerzen in den Beinen wieder heftiger (seufz). Glücklicherweise waren die Schmerzen nur am Anfang recht stark, ließen dann aber nach einigen Tagen nach. Die Versteifung der Muskeln blieb Gott sei Dank aus. Alles in allem habe ich, auch Dank meines großartigen Pflegers daheim, die Tortur gut überstanden. Da mein Mann zu dieser Zeit Urlaub hatte – der Boden war zu vereist, um auf der Baustelle arbeiten zu können –, verbrachten wir die Zeit mit viel Kuscheln und vielen Spaziergängen.

Nach meinem letzten Krankenhausaufenthalt ging es mir relativ gut. Ich hatte kaum Knochenschmerzen, die Mundschleimhaut war leicht gereizt, der Geschmack kehrte jedoch ganz langsam zurück. Allerdings habe ich erst einmal nur sauer und scharf geschmeckt. Aufgrund meiner Menstruation war mir mal kalt und mal heiß, doch ansonsten fühlte ich mich richtig wohl und war neugierig, was die nächsten Wochen bringen würden.

Das war ja mal wieder typisch: Man sagt ja, dass acht bis zehn Tage nach der Chemotherapie die Blutwerte absinken. Pünktlich acht Tage nach der letzten Chemotherapie habe ich abends sehr hohes Fieber bekommen: 39,5° C. Mir war ständig kalt, dennoch schwitzte ich und bekam dann wieder eine Gänsehaut – es war ekelhaft! Aber das Gefühl kennt ihr ja bestimmt. Bei derart hohem Fieber wird es für mich beziehungsweise Krebskranke gefährlich, denn wenn man da nichts unternimmt, kann man eine Sepsis, auf Deutsch Blutvergiftung bekommen – und die ist lebensbedrohlich. Also war es mal wieder an der Zeit im Vilaminjo-Krankenhaus anzurufen, direkt auf der Station

A1, weil es schon Abend war und die Sekretärin vom Chefarzt Feierabend hatte. Am Telefon sagte man mir, ich solle direkt vorbeikommen, und zwar in die Ambulanz der Inneren Medizin. Dort angekommen, wurde ich direkt abgeholt. Meine Familie musste im Wartezimmer Platz nehmen, und das für mehrere Stunden. Zuerst wurden bei mir auf einer Liege Blutdruck, Puls und Temperatur gemessen. Der Puls lag bei 130 und die Temperatur war mittlerweile um ein Grad gesunken. Der Blutdruck verhielt sich natürlich wie immer niedrig. Als nächstes kam … nichts! (:-I). Ich musste eine ganze Weile warten. Ich wartete und wartete und wartete – konnte auf der Liege sogar ein kleines Nickerchen machen, so viel hatten die Schwestern und Pfleger zu tun.

Nach einer guten Stunde kam ein netter Herr auf mich zu und wollte mir Blut abnehmen. Er sagte zu mir: „Ach, Sie kenne ich doch. Ich habe Sie auf der Station H1 gesehen.“ Es stellte sich heraus, dass es der Oberarzt der pneumologischen Station war. Wir plauderten eine Weile, während er versuchte eine geeignete Vene zu finden. Es gelang ihm jedoch nicht, bis ich erwähnte, dass ich einen Port habe. Doch auch da klappte die Blutabnahme nicht. Nach zehnmaligem Anstechen gab er auf. Der Port hatte sich anscheinend verdreht. Er meinte, dass es jetzt nicht so wichtig sei, unbedingt die Blutwerte zu haben, das könne man auch am nächsten Tag noch erledigen. Schließlich fand er aber doch noch eine Vene seitlich am Arm, um mir wenigstens das Breitband-Antibiotikum zu verabreichen. Dies dauerte ungefähr zwanzig Minuten.

Als letztes schlossen sie mir noch einen Ein-Liter-Beutel Kochsalzlösung an, der eine ganze Stunde lang durchlief. Während dieser ganzen Durchlaufzeiten ließ man mich allein. Ich konnte keine einzige Person entdecken. Vor der Tür hörte man nur einen verzweifelten Mann mit den Pflegern diskutieren, der offensichtlich nicht mehr ganz bei Sinnen war und allen gehörig auf die Nerven ging. Deutsch verstand er nicht gut und stellte immer dieselben Fragen. Als ich um zehn Uhr abends mit allem fertig war, auch mit den Nerven, schob man mich samt Liege in den Fahrstuhl und schließlich in das eigentliche Patientenzimmer. Es war auf der Station A1. Ich war hungrig und müde. Mein Mann ist dann noch eine halbe Stunde lang geblieben. Meine Eltern wollten allerdings nach Hause. In dieser Zeit hatte ich noch eine Kleinigkeit gegessen.

Am nächsten Morgen kam eine chinesische Ärztin zu mir, die ich im Leben zuvor noch nie gesehen hatte. Sie rückte meinen Port zurecht, was ein wenig schmerzhaft war, weil ich immer noch die Einstiche und einen blauen Fleck vom Vorabend hatte. Die Blutabnahme hat aber wieder funktioniert. Gott sei Dank! Ich bekam nun mal wieder eine Woche lang ein Breitband-Antibiotikum. Auch dieses Mal vertrug ich es nicht wirklich. Ich bekam Durchfall und habe ganze zwei Tage lang nichts essen können. Daraufhin beschloss man, mich parenteral zu ernähren, das bedeutet, ich bekam einen großen Beutel mit weißer, flüssiger Nahrung 24 Stunden lang angehängt, zusätzlich zur normalen Ernährung. Bei der parenteralen Ernährung wird ein Patient mit allen notwendigen Nährstoffen über ein Blutgefäß versorgt. Dabei wird der Verdauungstrakt komplett umgangen. Zu diesem Zeitpunkt wog ich nur noch 35 Kilo ohne Klamotten.

Jetzt seid ihr schockiert oder?

Zwei Tage waren vergangen. Meine Werte stiegen wieder an, das Fieber verschwand relativ schnell und sogar meine Haare begannen nachzuwachsen. Doch eines Abends trat ich, als ich von der Waage zum Bett zurück wollte, versehentlich auf den langen Schlauch und der Port schmerzte auf einmal ziemlich stark. Der ganze Bereich begann schließlich zu brennen. Am nächsten Morgen sah man, dass meine linke Brust viel größer war als die rechte. Eigentlich ist das ein schöner Anblick, so eine große Brust, gerade wenn man so kleine Brüste hat wie ich (etwa eine Hand voll), aber irgendwas stimmte da nicht. Ich fragte eine Schwester und die meinte: „Sie haben beim Drauftreten auf den Schlauch vermutlich die Nadel ein Stück weit mit herausgezogen, sodass etwas Nahrung ins Gewebe gelangt ist und die Schwellung ausgelöst hat. Das baut der Körper aber von selbst wieder ab." Ich fragte: „Kann ich solch eine Schwellung bitte öfter haben? (lach!)" Gegen Ende sagte der Chefarzt noch, dass es momentan völlig normal sei, urplötzlich hohes Fieber zu bekommen. Ich hätte ja momentan keinerlei Abwehrkräfte.

Meine Gedanken waren: Ich kann mich also noch so einbunkern, es kommt, wie es kommt. Mann, Mann, Mann, das zieht sich alles so lange hin und kann ja noch ewig dauern, bis ich wieder stabil bin. Es gefällt mir überhaupt nicht, wie ausgelaugt mein Körper ist und in Mitleidenschaft gezogen wurde. Ich hoffe, das ist die letzte Infektion gewesen (seufz). Damit mir nicht noch einmal so etwas passiert, habe ich mich daheim warm eingemummelt, fleißig Tee getrunken, Vitamine zu mir genommen und viel Gemüse gegessen.

8. Anspannung und Freude: das Ergebnis!

Ein sehr aufregender Tag ging zu Ende und ich war entsprechend nervös. Es war der 14. Februar 2017, ausgerechnet der Valentinstag, der Tag des letzten CT's seit der verdammten Krankheit, mit vorheriger Blutentnahme, zusätzlichem Chefarztgespräch und Antikörpergabe. Die ganze Nacht lang ratterten die Gedanken in meinem Gehirn: Wird der Port morgen funktionieren? Klappt die Blutentnahme? Wie ist das Ergebnis des CT's? Alles begann schon nicht so, wie ich es mir gewünscht hatte: Morgens bekam ich kaum einen Bissen herunter, musste aber etwas essen, da ich meine Medikamente einnehmen sollte. Mein Fahrdienst kam zehn Minuten zu spät, obwohl ich ihm am Vortag telefonisch mitgeteilt hatte, dass ich pünktlich im Krankenhaus erscheinen soll. Dort selbst meldete ich mich bei der Sekretärin des Chefarztes der Hämatologie, Onkologie und Immunologie an und sollte im Wartezimmer Platz nehmen, bis ich aufgerufen würde.

Diesmal war es nicht nötig, eine Nummer zu ziehen. Nach zwei Stunden, als dann auch meine Eltern eintrafen, sagten sie mir, ich solle doch mal zur Blutentnahme vorgehen und ausrichten, dass ich schon längst da sei. Ich berichtete dort der Schwester, dass ich schon seit zwei Stunden im Wartezimmer sitze und mir extra gesagt worden sei, ich bräuchte keine Nummer ziehen. Sie meinte, dies sei ja nicht so schön und ich möge doch zum Blutabnehmen gleich dableiben. Ich wollte mich auf die Liege legen, da ich auf diese Weise besser entspannen kann, denn die Prozedur ist – je nachdem, wer die Portnadel legt – einfach nur schmerzhaft. Aber ich kenne ja einen Trick: Einfach tief einatmen, während die Nadel unter die Haut gestochen wird. Der Port hat leider nur in eine Richtung funktioniert; es konnte zwar Flüssigkeit in die Vene einlaufen aber kein Blut entnommen werden. In den Arm stechen und malträtieren wollte mich die Schwester nicht, da ich ohnehin schon überall blaue Flecke hatte und meine Venen von den vielen Nadeln vernarbt sind. Ich fragte mich, ob die Verfärbungen überhaupt irgendwann weggehen. Einen blauen Fleck habe ich schon seit Monaten :-D. Es wurde entschieden, mir einen ganzen Beutel Kochsalzlösung per Infusion zuzuführen (ich weiß nicht genau ob es wirklich ein Liter war). – Und tadaaa! Es kam endlich Blut. Yippieh, ich war glücklich! Obwohl ich am Vortag ja eigentlich zwei Liter Mineralwasser, am Morgen eine Tasse ungesüßten Tee und ein Glas Wasser getrunken hatte. Also konnte mein Körper kaum ausgetrocknet gewesen sein. Der macht sowieso manchmal Sachen, die ich nicht ganz verstehe. Er hat eben seinen eigenen Kopf.

Direkt nach der Blutentnahme ging es in den Keller zur Radiologie zum CT. Dort wurde mir mitgeteilt, man warte schon seit Stunden auf mich. Die Damen an der Anmeldung hätten auch angerufen und nach mir gefragt und gesagt bekommen, man wisse nicht, wo ich gerade sei. Es stellte sich letztendlich heraus, dass die Damen in der falschen Anmeldung angerufen hatten, nämlich in der Anmeldung zur Blutentnahme und nicht bei der Sekretärin des Chefarztes. Da bei der Anmeldung zur Blutentnahme damals wegen Krankheitsausfällen nur eine Dame anwesend war, lief alles ein wenig durcheinander. Der Aufenthalt im Wartebereich der Radiologie war mir sehr unangenehm. Da saß ein Mann, etwas ungepflegt und im Jogginganzug, der keine

Scheu hatte, im ganzen Zimmer wie wild herumzuhusten und seine sämtlichen Viren und Bakterien zu verteilen. Ich trug zwar einen Mundschutz, bat ihn aber dennoch, in die Hand oder Armbeuge zu husten. Das kam zumindest bei ihm an und er akzeptierte es. Kurz vor dem CT erhielt ich eine Spritze Kontrastmittel in den Port, wodurch Auffälligkeiten in der Lunge besser zu erkennen sind. Dann lag ich da für satte fünf Minuten in der Röhre und dachte mir: Normalerweise wird mir doch immer gleich so heiß und ich bekomme so einen komischen Geschmack im Mund, wenn die Spritze wirkt. Erst gegen Ende des CT's, als schon alles vorbei war, bemerkte ich dann diese Nebenwirkung – hat ja voll was gebracht! Ich weiß nicht, ob Ihr das Gefühl kennt, aber im Genitalbereich ist es wie ein Vulkan und man hat das Gefühl, als müsste man gleich pinkeln. Wenn die Werte der Nieren, also Kreatinin und Harnstoff, zu hoch sind, bekommt man kein Kontrastmittel gespritzt, geschweige denn zum Trinken, weil die Niere das Kontrastmittel bei so schlechten Werten nicht verarbeiten kann.

Nach dem CT sollte das Gespräch mit dem Chefarzt stattfinden, doch der Befund war noch nicht da und der gute Mann in einer Besprechung. Meine Eltern und ich gingen in die Cafeteria. Da ich ja morgens kaum etwas gegessen hatte, verspürte ich einen Bärenhunger und bestellte mir eine Currywurst mit Brötchen und Ingwer-Zitronen-Tee – yummie :-)! Zurück im Wartezimmer des Chefarztes mussten wir nur kurz warten. Als er uns herein bat, sah er sich die Unterlagen an und sagte schließlich: „Hmmm, das Ergebnis ist nicht gut!" – Pause – „Das Ergebnis ist perfekt!" Soweit eine Kostprobe des ärztlichen Humors ;-). Meine Gedanken tanzten vor Freude und ich bat meinen Vater: „Give me five!"

„Du bist medizinisch geheilt. Das Lymphom ist weg. Es ist nichts Neues mehr entstanden, aber ich weiß nicht, was mit dem alten Lymphom geschehen ist. Ich muss mal die Radiologie anrufen, denn ich bin mit deren Berichten nicht einverstanden. Sie schreiben sehr ungenau“, erklärte mir der Chefarzt (hier war wieder ärztlicher Humor im Spiel). Die Radiologen sagten am Telefon: „Gleicher Status.“ Das heißt Konsolidierung im Lungenlappen, und das heißt wiederum Stillstand bzw. Heilung. Der Chefarzt musste wohl selbst noch einmal das Lungenbild betrachten. Es waren noch kleinere Verdichtungen zu sehen, doch da sie an die Narbe von der Lungenbiopsie grenzten, versicherte er mir, dass es sich nur um Narbengewebe handeln könne. Das werde wahrscheinlich auch nicht mehr verschwinden. Er versicherte mir noch: „Das Lymphom ist weg und es werden sich jetzt wieder neue Lungenbläschen bilden. Die Lunge wird allerdings nie mehr so werden wie zuvor, doch das Narbengewebe wird sich noch glätten.“ In vier Wochen würde ich noch einmal Antikörper bekommen, so wie an diesem Tag. In drei Monaten, also im Juni 2017 werde dann ein allerletztes CT stattfinden. Danach kämen zunächst nur noch Ultraschall- oder Röntgenbilder infrage, aufgrund der hohen Strahlenbelastung durch das CT, denn diese sei schließlich auch krebserregend. Die Medikamente hatte er bereits reduziert. Zu nehmen hatte ich nur noch L-Thyroxin, Folsan, Aciclovir und den Cotrim-Saft. L-Thyroxin muss ich natürlich mein Leben lang nehmen, aber den Rest nur noch drei Monate. Die Magenschutztabletten hatte er auch gestrichen, doch die nahm ich weiterhin freiwillig. Am Ende teilte er mir mit, dass ich doch noch schwer auf mich aufpassen und große Menschenmengen sowie kleine Kinder meiden solle, da die Ansteckungsgefahr immer noch zu groß sei.

Als das Gespräch zu Ende war, umarmte mich der Chefarzt und meinte: „Christina, ich muss jetzt doch mal wissen, wie viel 38 Kilo sind." Und dann hob er mich quer in die Höhe :-D. „Ich bin halt ein frecher Kerl", konterte er. Während des ganzen Gesprächs merkte ich, wie erleichtert und heilfroh er war, dass ich geheilt wurde. Mir war aufgefallen, dass auch er mich ins Herz geschlossen und mich die ganze Zeit über geduzt hat. Das war sonst das letzte halbe Jahr nicht der Fall. Nach dem Gespräch ging es jetzt noch in die hämatologisch-onkologische Ambulanz zur Antikörpergabe. Meine Eltern spazierten so lange und beschäftigen sich anderweitig, während ich fast zwei Stunden lang nur auf dem Stuhl saß und wartete. Der Tag war nervenaufreibend, spannend und anstrengend zugleich, sodass ich dermaßen müde wurde und mir die Augen zufielen. Die Antikörper selbst machen ja auch müde, sagte man mir. Doch schlafen konnte ich nicht. Als meine Eltern mich nach einer Weile abholten, war ich so erledigt, ich kam daheim kaum noch die drei Stockwerke zu unserer Wohnung rauf.

Die gute Nachricht überbrachte ich natürlich nach dem Arztgespräch meinem lieben Ehemann. Er war außer sich vor Freude, hatte vielleicht auch ein paar Freudentränen in den Augen – auch wenn er es nicht zugeben würde – und sagte abends zu mir: „Das war die schönste Nachricht in meinem ganzen Leben. Und das noch am Valentinstag. Mir ist ein Stein vom Herzen gefallen."

9. Wie geht es jetzt weiter?

Mittlerweile waren einige Tage vergangen und mir ging es erstaunlicherweise recht gut. Klar, gesund bin ich noch immer nicht und ich hatte immer noch täglich kleine Wehwehchen, wie zum Beispiel Kopfweh, der Körper kribbelte, die Schniefnase oder dass ich noch meine Lunge spürte, was ganz normal ist. Der Körper war einfach noch nicht so weit, das Immunsystem war noch immer nicht auf dem Damm und alles brauchte einfach seine Zeit. Doch ich hatte schon wieder Hunger, konnte schon wieder recht gut essen, hatte keinen Durchfall mehr, keine erhöhte Temperatur und war gut gelaunt, auch wenn draußen mieses Wetter war, kalt und regnerisch.

Zwischenzeitlich waren wir noch bei einem Kardiologen in der Stadt der „Tattergreise" und Millionäre. Er hatte durch eine Echokardiografie, also eine Ultraschalluntersuchung des Herzens, herausgefunden, dass sich durch die Chemotherapie etwas Flüssigkeit im Herzen angesammelt und sich wahrscheinlich durch das Anlegen des Portes auch ein kleiner Bluterguss gebildet hatte – alles nichts Dramatisches. Beides ist dann relativ schnell wieder verschwunden und ich hatte auch keine weiteren Probleme. Mein Herz hat alles sehr gut weggesteckt, obwohl der Port über dem Herzen liegt.

Ich habe vergessen zu erwähnen, dass ich die ganze Therapie über auch noch abends tränende Augen hatte (klar, durch die ausgetrockneten Schleimhäute) und sich ein Fatigue-Syndrom entwickelt hatte. Das Syndrom bezeichnet ein Gefühl von anhaltender Müdigkeit, Erschöpfung und Antriebslosigkeit – körperlich wie geistig. Es lässt sich auch nicht durch viel Schlaf beseitigen. Man darf dieses Syndrom aber nicht mit einer Depression gleichsetzen.

Ich war einfach heilfroh, dass ich erst einmal den Krebs besiegt hatte. Jetzt muss man fünf Jahre abwarten. Wenn sich bis dahin nichts Neues gebildet hat, gilt man als geheilt. Den Schwerbehindertenausweis, den man vom Sozialdienst bekommt, muss man allerdings schon nach zwei Jahren verlängern lassen, falls die Ärzte es als notwendig ansehen. Ich habe jetzt meinem Körper mal die Meinung gegeigt: „Hör gut zu, lieber Körper: Ich gewähre keinen Einlass mehr für eine Tumorzelle! Haben wir uns da verstanden?"

In jenen Tagen habe ich noch mit einer Freundin meiner Eltern telefoniert, die auch als Blauer Engel im Krankenhaus tätig ist und mich immer wieder besucht hat, wenn sie zu der Zeit Dienst hatte. Sie erzählte mir, dass der Chefarzt der Hämatologie, Onkologie und Immunologie schon sehr bald in Rente gehen werde, das heißt im Juni, wenn ich das letzte CT haben werde, sei er schon nicht mehr da. Das fand ich sehr schade. Er ist ein äußerst sympathischer, humorvoller, intelligenter und professioneller Mensch und ich habe ihn sehr geschätzt. Ich weiß, dass Ärzte eigentlich nichts von Patienten annehmen dürfen, aber zum Abschied wollte ich ihm, wenn ich die Antikörper bekomme, zwei Flaschen Wein, sogar mit meinem Vornamen auf dem Etikett (einen Rioja Christina), und ein Buch für „Rentenanfänger" übergeben. Die Schwestern der Station A1 und der Josephinenklinik bekamen einen Obstkorb geschenkt.

Daheim habe ich mich zwischendurch etwas gelangweilt, weil es mir doch schon deutlich besser ging, ich aber noch immer nicht auf den Putz hauen durfte. Mehr als Haushalt war ja nicht drin. Also begann ich Computerspiele, wie zum Beispiel *The Simpsons Springfield* oder *Asterix & Friends* zu spielen und YouTube-Dokumentationen zu schauen. Das Internet ist nicht so ohne, denn man kann, so wie ich, recht schnell süchtig werden und dann nur noch davor sitzen. Die Sucht ist noch nicht besiegt, aber ich spiele nicht mehr ganz so viel wie zuvor. Ich sollte wirklich wieder anfangen mehr zu lesen.

10. Die letzte Antikörper-Infusion

Der 15. März 2017 war nun der allerletzte Therapietag im Vilaminjo-Krankenhaus in der nächstgelegenen Stadt, das hieß nur noch Blutabnahme, Endgespräch und Antikörpergabe. An diesem Tag ging alles rasant, jedenfalls zu Beginn. Morgens um zehn Uhr sollte ich im Sekretariat des Chefarztes erscheinen. Ich bekam drei Aufkleber für die Spritzen mit – für die hämatologisch-onkologische Ambulanz zur Blutabnahme – und zusätzlich zwei Zettel zum Ausfüllen, während ich warten sollte. Der erste Zettel war die Schweigepflichtentbindung für den Hausarzt und die zuständigen Fachärzte, der andere Zettel war der aktuelle Medikamentenplan. In der Ambulanz wartete ich kurz, bis die Schwestern fertig waren mit plaudern. Ich überreichte die Aufkleber und sagte, dass ich im Wartezimmer Platz nehmen werde.

Auf dem Weg dorthin kam mir eine andere Schwester entgegen und teilte mir mit, dass ich sofort mitkommen könne. Die Portnadel wurde gelegt und erstaunlicherweise, es war für mich wirklich verwunderlich, kam sofort Blut. Ganze drei Spritzen hat man zusammenbekommen. „Wow, Wahnsinn, dem Himmel sei Dank!“, entfuhr es mir. Es war nicht einmal notwendig, mir einen Beutel Kochsalzlösung anzuhängen. Schwester Maria Magdalena war schon von Anfang an guter Dinge und hatte anscheinend den richtigen Riecher. Da ich ja im Wartezimmer der hämatologisch-onkologischen Ambulanz nicht ausharren musste, füllte ich die Zettel im Wartebereich des Sekretariats aus. Ich musste ja ohnehin auf den Chefarzt warten. Er kam auch relativ schnell. Meine Eltern waren jedoch noch nicht anwesend. Egal, dachte ich mir, das letzte Gespräch kriege ich auch allein hin, bin ja schon eine ganz Große. Außerdem habe ich alle notwendigen Fragen notiert. Der Chefarzt sagte mir, ich bekäme heute noch einmal Antikörper, danach sei es dann aber nicht mehr nötig, auch wenn ich eine genetisch bedingte Immunschwäche hätte. Von einer Vitamin-Aufbaukur und Eiweiß-Spritzen, die mir mein Hausarzt empfohlen hatte, riet er ab. Ich solle lieber fleißig Obst und Gemüse essen. Auch von Darbepoetin, einem Medikament zur Blutbildung, hielt er nicht viel. Mein Körper habe zwar im Allgemeinen ein kleines Problem mit der Blutbildung, aber am Eisengehalt liege das nicht. Man vermutete eher, dass auch mein Knochenmark von der Chemotherapie angekratzt war. Jedoch empfahl mir der Chefarzt eine Impfung gegen Pneumokokken, also Erreger von Lungenentzündungen. Des Weiteren war er sich sicher, dass kein Lymphom mehr entstehen werde und ich auch keine Chemotherapie mehr ertragen müsse. Ich dachte mir: Warten wir es erst einmal ab, auch erfahrene Chefärzte können sich täuschen. Was ich ihm hiermit aber nicht unterstellen will. Der Port wird normalerweise ein Jahr nach der Therapie wieder entfernt, dennoch kann ich ihn drin lassen, falls noch irgendetwas sein sollte und er mich weiterhin nicht stört. Ich fände es fatal, wenn ich den Port so schnell entfernen lasse und nachher stellt man fest, dass sich doch wieder etwas gebildet hat. Meiner Meinung nach ist das zu riskant. Außerdem darf man den Port nicht an der gleichen Stelle einpflanzen – warum, weiß ich nicht. Ich möchte den Zugang behalten, denn wo sollte man diesen sonst legen, wenn es wieder notwendig wäre? Ganz bestimmt nicht in der Leiste. Da streike ich.

Meine Medikamente musste ich noch bis Mitte Juni nehmen. Einen Tag davor sollte noch einmal ein CT gemacht werden, das hoffentlich aussagt, dass sich nichts Neues gebildet hat. Ziemlich am Ende des Gesprächs kamen meine Eltern doch noch ins Besprechungszimmer und der Chefarzt musste noch einmal alles erläutern, was er mir bereits berichtet hatte (der arme Kerl, ist schon gestraft, hihi). Aber ich hätte meinen Eltern ja auch alles erzählen können – so ist es ja nicht. Er berichtete noch, dass nun der Leitende Oberarzt der Onkologie für mich zuständig sei. Dieser kenne sich im Bereich der Lymphome bestens aus. Sein eigentlicher Nachfolger sei aber noch nicht bekannt. Gegen Ende sagte ich ihm, dass wir noch ein Dankeschön-Geschenk für ihn hätten und ich ihn und seine Frau gern auf meine geplante Sommerparty einladen würde, da er mich so wunderbar betreut habe und wir erfahren hätten, dass er in den Ruhestand gehe. Ich war sehr erfreut über seine Antwort, denn er sagte, dass er nicht in den Ruhestand, sondern als Onkologe in eine Praxis für Gastroenterologie in der Innenstadt gehe. Das würde heißen, dass ich den sympathischen Herrn vielleicht doch noch einmal zu Gesicht bekomme. Auf alle Fälle weiß ich nun, wo ich hingehen muss, wenn ich ihm mein Buch überreichen möchte. Ob er zu meiner Sommerparty erscheint, wird sich zeigen. Meine Kontaktdaten hat er sich notiert ;-).

Zur Vervollständigung des Gespräches erklärte mir der Chefarzt, dass ich erst im September wieder zur Blutabnahme zum Hausarzt müsse und ich eigentlich nach der drei- bis vierwöchigen Rehabilitation gleich mit der Wiedereingliederung ins Berufsleben starten könne. Da ich gelesen hatte, dass der Onkologe grünes Licht geben müsse, bevor man den Zahnarzt aufsucht – aufgrund der Blutwerte und der eventuell bevorstehenden Betäubungsspritzen – meinte er nur, dass es kein Problem sei, gleich zu gehen. Mit der Augenkontrolle solle ich allerdings noch ein halbes Jahr abwarten, weil die Augen sich während der Chemotherapie verschlechtern und es durchaus sein könne, dass sie sich wieder verbessern. Ich grübelte: Aber wie soll das denn bitte gehen? Dioptrien können sich doch nicht von allein zum positiven verändern. Klingt für mich nicht sehr logisch. Oder meint er vielleicht eher, dass sich durch die trockenen Schleimhäute Augenkrankheiten wie zum Beispiel Grauer Star entwickeln können?

Letzten Endes überreichten wir ihm die Präsente und ich fragte ihn noch, ob wir ein Erinnerungsfoto machen könnten. Klar hatte er nichts dagegen. Vor der hämatologisch-onkologischen Ambulanz stellten wir uns hin. Das Bild sieht sehr lustig aus, weil ich ihm vielleicht gerade mal bis zum Bauchnabel gehe. Mensch, ist das ein Riese, bestimmt zwei Meter groß. Ich veröffentliche es hier aber nicht, da ich sonst seine Privatsphäre verletzen würde.

Als nächstes gab mir Frau Schmander die Mappe für die Anmeldung in der hämatologisch-onkologischen Ambulanz, da ich ja noch Antikörper bekommen sollte. Dort sagte man mir, dass ich ruhig in die Cafeteria gehen könne, es werde eine halbe bis Dreiviertelstunde dauern, bis die Antikörper so weit wären. In der Cafeteria trank ich einen Ingwer-Zitronen-Tee und nahm ein Käsebrötchen zu mir. So, wie es eigentlich immer war, saßen wir deutlich länger dort: zwei Stunden! Nach dem Eintreffen bekam ich dann endlich in der Ambulanz die vorbeugenden Medikamente. Hier musste ich wiederum leider mitteilen, dass ich keine Tabletten schlucken kann und das Cortison gern als Infusion haben möchte. Ich dachte, irgendwie werden die Schwestern sich das nie merken. Jetzt bin ich schon acht Monate immer wieder im Krankenhaus und sie haben es noch immer nicht drauf. Wie sagt man so schön: „Was Hänschen nicht lernt, lernt Hans nimmermehr." Da scheint wohl was Wahres dran zu sein.

Um halb eins ungefähr startete die Infusion der Antikörper. Die Schwestern ließen es diesmal langsamer tropfen. Das letzte Mal war es anscheinend doch zu schnell. Egal, außer unendlicher Müdigkeit verspürte ich ja ohnehin erst einmal nichts und bin nach einer Weile auch wirklich eingenickt. Es war mir egal, ob es die anderen Patienten, die auch auf den Stühlen saßen, störte. Als ich erwachte, bemerkte ich neben mir eine sehr sympathische, etwas ältere Dame. Wir unterhielten uns prächtig und freuten uns, dass die Krankheit bald ein Ende hatte. Sie erzählte mir, dass sie auch ein Lymphom habe, so wie ich verstand, aber im Bauchbereich. Man vermutete erst Bauchspeicheldrüsenkrebs, aber das war es Gott sei Dank nicht. Sie hatte Wasser in der Lunge und bekam während der Therapie auch eine Thrombose, aber im Arm. Wir stellten fest, dass wir die gleiche Therapie bekamen. Die nette Dame bekam an dem Tag ihre letzte Chemotherapie, das heißt, sie muss auch nur noch zwei Mal ins Krankenhaus, um die Antikörper zu bekommen. Das freute mich. Allerdings hat sie es auch nicht einfach. Ihr Mann ist krank, hat einen Schlaganfall erlitten und ist letzten Monat auch noch die Treppe hinabgestürzt. Er kann jetzt kaum noch etwas machen und sie muss sich trotz ihrer eigenen Sorgen um ihren Mann kümmern. Sie wünsche sich so sehr, dass ihr Mann ihr mal Tee ans Bett bringen würde, aber das ist nicht machbar. Dennoch hat sie Freunde und Nachbarn, die ihr viel helfen. Die Tochter wohnt leider nicht in der Nähe, kann also nur selten vorbeischauen. Das ist schon ein hartes Leben. Aber ich empfand meine direkte Nachbarin trotz allem als eine sehr fröhliche Person, die das Leben liebt.

Gegen Ende bemerkten wir, dass die dritte Dame im Raum sich dem Gespräch anschließen wollte und erzählte, dass man hier nur noch versuche, ihr Leben zu verlängern. Sie habe nämlich diesen Bauchspeicheldrüsenkrebs und schon vier verschiedene Chemotherapien hinter sich. Auch Antikörper hätten nicht geholfen. Sie bekomme alle zwei Wochen Chemotherapie, ohne irgendwelche Pausen, und das schon über ein Jahr lang. Das ist mal richtig hart, schon allein wenn man weiß, dass ohnehin nichts mehr helfen kann. Aber sie wolle sich jetzt nach Alternativen umschauen. Die Ernährung wurde schon umgestellt. Wir zwei fröhlichen Damen wurden sehr schnell leise und verstummten, als wir ihre Geschichte hörten. Da wird man richtig demütig. Ich glaube, das war eben auch der Grund, warum ich für meine Therapie einen stationären Aufenthalt mit Einzelzimmer wählte, damit man eben nicht alles Schlimme mitbekommt.

Der Vertreter des Chefarztes kam herein und gab meiner Nachbarin die große rote Spritze. Hydroxy-Doxorubicin. Ich berichtete natürlich gleich alles, was ich darüber wusste – jaja, die Aufklärerin halt wieder, hihi. Der Arzt sagte daraufhin: „Da weiß aber eine ganz genau Bescheid." Ich erwähnte, dass ich ein Buch über meine Krankheit schreibe mit medizinischem Hintergrundwissen sowie Ernährungstipps. Er konterte: „Sie sind hier nicht die einzige, die so etwas geplant hat. Das hatten schon ganz viele vor." Ich fragte ihn, ob diese Patienten ihre Pläne auch in die Tat umgesetzt hätten. Er zuckte nur mit den Schultern. Na und, auch wenn es schon solche Bücher geben sollte, ich werde ihm mein Exemplar trotzdem schenken. Er hat freundlicherweise auch bestätigt, dass er es gerne lesen möchte. Außerdem: Je mehr Erfahrungsbücher es über Krebs gibt, desto mehr wird vielleicht darüber geforscht und womöglich werden auch Dinge geändert, die in den Kliniken nicht so laufen, wie es sein sollte. Einer Schwester zeigte ich noch das lustige Bild mit dem Chefarzt und sie wollte, dass ich es ihr unbedingt per

WhatsApp zukommen lasse, da die Schwestern für seine Abschiedsfeier im April Bilder sammelten – eine richtig nette Idee, fand ich.

Meine Eltern warteten in der Cafeteria, bis ich mit den Antikörpern fertig war. Sie hatten auch die Obstkörbe für die beiden Stationen dabei. Wir unterhielten uns noch kurz und tranken etwas, dann ging es auf die Station A1 zum Präsentkorb überreichen. Man hat sich natürlich richtig gefreut und mir alles Gute gewünscht. Danach sind wir in die Josephinenklinik gefahren, um den zweiten Präsentkorb abzugeben. Die dortigen Schwestern kannten mich zwar nicht wirklich, aber eine sagte: „Ich erinnere mich an Sie, gestern sprachen wir noch von Ihnen, Frau Rauscher!“ Auch hier wünschten sie mir alles Gute. Anscheinend war ich auch nach etlichen Monaten im Krankenhaus immer noch Gesprächsthema Nummer eins.

Um viertel vor vier, für nicht Badener 15:45 Uhr, war ich dann endlich daheim, aber mal wieder komplett „im Eimer“. Abends konnte ich nur noch geradeaus schauen und mich kaum aufraffen, mich anders hinzusetzen oder an den Esstisch zu kommen. Die Couch hatte mich einfach zu fest im Griff. Ich bin früh ins Bett gegangen und habe nicht lange gebraucht, um einzuschlafen.

Am nächsten Morgen fühlte ich mich immer noch etwas gerädert. Zudem verspürte ich einen sehr trockenen Mund, leichte Knochenschmerzen und der Geschmack war wieder etwas weg – aber diesmal nicht völlig. Tag für Tag verschwanden die Nebenwirkungen. Ich seufzte: „Mensch Meier, endlich geschafft; die Therapie ist zu Ende.“ Meine Familie und ich waren überglücklich. Es war ein harter und langwieriger Kampf. Dennoch würde ich immer wieder eine Chemotherapie machen – sofern es notwendig wäre und mein Körper das mitmacht – und gegen das Böse in mir ankämpfen.

Ich muss sagen, auch wenn ich meine Eltern recht streng beurteilt habe, war es doch auch eine sehr schöne Zeit mit ihnen. Es hat gut getan, sie im Krankenhaus dabei gehabt zu haben; die Spiele haben Spaß gemacht und ich habe sie furchtbar lieb. Sie wollen doch wirklich nur das Beste für mich, wenn auch manchmal auf sehr anstrengende und hektische Art und Weise.

Was ich während der ganzen Therapie über für Gedanken hatte? Ehrlich gesagt, habe ich keine wirklich düsteren Gedanken gehabt. Das klingt für Euch jetzt vielleicht merkwürdig, aber so war es nun mal bei mir. Man kann währenddessen einfach nicht über den Tod oder ähnliches nachdenken. Ich für meinen Teil habe einfach alles brav „mitgemacht", habe gekämpft, gehofft, dass alles gut ausgeht, täglich Gebete vor der Medikation und in der Nacht gesprochen und optimistisch in die Zukunft geschaut. Als die jeweilige Chemotherapie an den Port angeschlossen wurde, habe ich mich sogar darüber gefreut und gesagt: „Ja, kommt ihr heilenden Säfte und tötet das Lymphom."

Die Stunden zwischen den Therapien im Krankenhaus habe ich mit meiner Familie, Lesen oder Musikhören verbracht. Auch habe ich im Fernsehen die Serie Club der roten Bänder angeschaut, doch konnte ich es nicht lange aushalten, weil viele Szenen einfach zu grausam waren. Tief im Inneren habe ich irgendwie gespürt, dass ich „überlebe". Meine positive Einstellung war auch nicht bewusst, sie kam eher aus dem Unterbewusstsein heraus. Das ist schwer zu beschreiben. Auf jeden Fall wird jetzt danach die Zeit kommen, in der ich alles verarbeite und daran denken werde: Was wäre gewesen, wenn … und so weiter …

Was ich noch erwähnen wollte: Alle Ärzte und Schwestern in diesem Krankenhaus sind der Meinung, Zucker schade dem Körper nicht bzw. Krebszellen ernährten sich nicht von Zucker. Eine Schwester in der Ambulanz hat mir auch einen Artikel aus der Zeitschrift *Frauenhilfe gegen Krebs* gezeigt. Dort steht, dass vor ketogener Ernährung gewarnt wird. Ketogene Ernährung bedeutet Verzicht auf Zucker und Kohlenhydrate. Als Begründung für diese Maßnahme wird angeführt, dass der Stoffwechsel von Tumorzellen von Kohlenhydraten und Zucker abhängig sei. Die Anhänger dieser Diät versprechen entweder einen direkten Einfluss auf das Tumorwachstum und die Metastasierung oder eine Verbesserung der Wirksamkeit der Chemo- und/oder Strahlentherapie beziehungsweise eine bessere Verträglichkeit insbesondere der Chemotherapie.

Die Arbeitsgemeinschaft PRiO hat jedoch keinerlei wissenschaftliche Untermauerung gefunden. In Studien konnten keine positiven Effekte nachgewiesen werden. Im Gegenteil: Die Lebensqualität der Patienten nahm deutlich ab. Bei Patienten mit starkem Gewichtsverlust wirkte sich die Diät sogar nachteilig auf den Krankheitsverlauf aus (Quelle: Deutsche Krebsgesellschaft).

Ich finde es mittlerweile richtig besch…eiden. Jeder sagt etwas anderes. Fragt man drei Personen, bekommt man vier verschiedene Antworten – so ungefähr. Ich für meinen Teil habe entschieden, den Zucker zu reduzieren, auch wenn es mir sehr schwer fällt. Kohlenhydrate musste ich noch zu mir nehmen, da ich mein Idealgewicht immer noch nicht erreicht hatte.

11. Die Rehabilitation in der Karasania-Wohlfühl-Klinik

Nach der langen Krankenhaus-Odyssee bereitete ich mich auf den Aufenthalt in der Karasania-Wohlfühl-Klinik im mittleren Südwesten von Baden-Württemberg vor. Ende März ging es los, für drei Wochen erst einmal. Über eine Verlängerung würden die Ärzte vor Ort entscheiden. Ich wusste bereits, dass Familien oder Partner in der Rehaklinik nicht mit übernachten dürfen; sie müssen leider ins Gästehaus, was über fünfzig Euro kostet – eine Übernachtung. Das ist mal richtig teuer. Also Eure Angehörigen sollten sich gut überlegen, ob sie nicht lieber abends wieder abreisen und am nächsten Tag wieder kommen. Am Anreisetag wird man gleich untersucht, ein EKG gemacht, das Arztgespräch geführt und gegen Abend findet eine Hausführung statt. Meine Kollegin aus dem Beresany-Baumarkt war auch in dieser Rehaklinik und berichtete mir, dass dort mitunter Gedächtnisspiele veranstaltet werden, wie zum Beispiel: „Ich packe meinen Koffer“ oder es wird Memory gespielt. „Oh Jesse, Maria und Josef!“, rief ich. „Das wird ja was geben … Ich habe doch mittlerweile so eine Matschbirne, auch Chemobrain genannt, die sich nur sehr schwer etwas merken kann. Auch habe ich immer noch Wortfindungsprobleme. Ich hoffe, das gibt sich irgendwann wieder.“

„Chemobrain“ bezeichnet eine von Krebspatienten nach einer Chemotherapie empfundene kognitive Beeinträchtigung. Ein prägnanter deutscher Begriff für das Krankheitsbild existiert noch nicht. Der medizinische Fachbegriff *Post-chemotherapy cognitive impairment* (PCCI) wird in der deutschen Literatur selten gebraucht (Quelle: *Wikipedia*).

Zu den Symptomen, mit denen Chemobrain-Patienten zu kämpfen haben, zählen:

- Gedächtnislücken
- Verringerte Merkfähigkeit, das Verlegen und Verlieren von Geldbörsen, Schlüsseln etc.
- Extrem verringerte Fähigkeit, mehr als eine Aufgabe zugleich zu bewältigen
- Probleme, mit neuen Situationen und unvorhergesehenen auftretenden Belastungen umzugehen
- Konzentrationsschwäche, Desorganisation
- Verlangsamtes Denken und Entscheiden

Die manchmal kurz, oft aber auch jahrelang anhaltenden Symptome beeinträchtigen die Patienten im Berufs- und vor allem im Privatleben, da man ihre Schwierigkeiten nach einer offensichtlich überstandenen Grunderkrankung oft nicht versteht.

Als mögliche Ursachen hat die heutige Forschung nicht mehr allein direkte physische Auswirkungen der Chemotherapie in Verdacht, sondern eine Mischung aus mehreren Faktoren, darunter:

Verminderung der Zellbildung im Hippocampus durch Zytostatika. Hierbei wird davon ausgegangen, dass die ganzheitlich auf den Körper wirkende Chemotherapie auch genau jene Zellen des Gehirns betrifft, die mit für die erkannten Defizite verantwortlich sind

- Die Krebserkrankung selbst
- Schlechte Blutwerte
- Schlafstörungen
- Hormonelle Veränderungen
- Schmerzen und Nebenwirkungen von Schmerzmitteln
- Das traumatisierende Erlebnis der Diagnose und Behandlung der potenziell tödlichen Krankheit

Damit ähneln Ursachenkatalog und möglicher Wirkungszusammenhang stark denen der Fatigue, einer weiteren Krebs-Folgeerkrankung. Vor allem der Aspekt der psychischen Belastung scheint neuesten Studien zufolge von besonderer Bedeutung für die Entwicklung von Chemobrain-Symptomen. Die psychische Verarbeitung des einschneidenden und bedrohlichen Erlebnisses der Erkrankung und ihrer ebenfalls belastenden Behandlung beschäftigt die Patienten innerlich möglicherweise so sehr, dass sie andere Aufgaben nur noch in geringerem Maße bewältigen können.

Eine 2008 durchgeführte Studie erbrachte Hinweise auf eine Schädigung von Gliazellen (das sind Gehirnzellen, die Nervenzellen unterstützen) durch das Zytostatikum 5-Fluorura.

Eine speziell auf Chemobrain-Effekte abgestimmte Behandlung existiert noch nicht. Im Mittelpunkt stehen entlastende Hilfen wie Gehirntraining, das Anfertigen von Notizzetteln als Gedächtnisstützen, feste Tagesroutinen, Stressvermeidung und ausreichende Ruhe. Angesichts einer wachsenden Zahl von Krebspatienten, die langfristig physisch weitgehend beschwerdefrei leben oder sogar geheilt werden können, raten Ärzte außerdem dazu, sowohl die Patienten als auch ihre Partner und Angehörigen psychoonkologisch auf mögliche Probleme durch Chemobrain-Effekte vorzubereiten. Dies soll den Betroffenen und ihren engsten Angehörigen erleichtern, den Beeinträchtigungen zum Trotz wieder eine hohe Lebensqualität zu erreichen und neue emotionale Belastungen durch die Spätfolgen möglichst gering zu halten.

Die Einbeziehung der Partner und Angehörigen ist wichtig, da unerwartete Stresssituationen im Privatleben genauso häufig auftreten können wie im Berufsleben und oft einen höheren emotionalen Anteil haben. Außerdem kann der Patient einen Teil der ihn entlastenden Verhaltensänderungen ohne das Verständnis seines sozialen Umfelds nicht einhalten. Vielleicht habe ich ja Glück und meine jetzigen Baumarkt-Kollegen können mich nun etwas besser verstehen, warum ich manchmal „nicht ganz sauber in der Birne“ bin.

Nichtsdestotrotz geht das Leben ja weiter. Mittlerweile war der 1. April 2017 und ich war schon seit drei Tagen in der Karasania-Wohlfühl-Klinik – von meinem Wohnort gerade mal eine knappe Stunde entfernt. Mensch Meier, liebe Leute, ein paar Wochen zuvor habe ich noch die Nase gerümpft und rumgejammert: „Ich will nicht in eine Reha gehen. Sowas ist doch albern. Außerdem fühlt man sich da täglich wie in einem Altenheim!“ Das mag vielleicht für einige wenige Reha-Kliniken stimmen, aber für die Karasania-Wohlfühl-Klinik gilt dies sicherlich nicht. Ich fühlte mich so sehr wohl dort, auch wenn ich eine der jüngsten Patientinnen war. Das gesamte Personal und die Patienten hier waren alle wahnsinnig lieb, freundlich, fürsorglich und ich kam mit sehr vielen Personen ins Gespräch. Ich hatte mit einer etwas älteren Patientin, die allerdings nicht direkt an meinem Tisch saß, sogar sehr bald etwas unternommen und den Salinengarten erkundet.

Aber jetzt erst einmal eine Beschreibung der Klinik: Das Gebäude besteht aus drei Teilen: Dem Altbau, dem Speisesaal und dem Anbau. Der Altbau führt direkt zu einem kleinen Park mit See, einer ganzen Vielfalt von Pflanzen und Trauerweiden. Im See schwimmen Enten und Gänse. Wenn man sich in diesem Park befindet, fühlt man sich wie im Urlaub, einfach traumhaft schön. So einen wunderschönen Park findet man selten. Es gibt dort viele Sitzgelegenheiten, eine Raucherecke (seufz) und direkt neben dem See hat man die Möglichkeit, in verschiedenen Cafés etwas trinken oder essen zu gehen. Reha ist ja eigentlich auch Urlaub, aber eben mit Aufbautraining für Körper, Geist und Seele.

Ich habe bei der Raucherecke aufgeseufzt, weil ich die kranken Menschen in der Reha nicht verstehe. Jetzt haben sie schon eine Krebserkrankung hinter sich, sollten froh sein, dass sie den Krebs besiegt haben und dann rauchen sie trotzdem weiter. Haben die denn gar nichts daraus gelernt? Haben die nur wie die berühmte gelbe, aus den USA stammende Comicfigur einen herumspringenden Flummi in ihrem Kopf? „Doing Doing Doing!“ Sorry, dass ich so reagiere, aber das will einfach nicht in meinen Kopf.

Die Inneneinrichtung der Reha-Klinik ist in Ordnung, wenn auch nicht gerade spektakulär. Wenn man hereinkommt, sind geradeaus die Rezeption sowie ein Foyer, mit Stühlen und Tischen aus Holz. Die Stühle sind mit einem dunkelroten Stoff überzogen und man sinkt ziemlich ein. Im Foyer finden gelegentlich Veranstaltungen wie Modenschauen für die ältere Generation statt. Manchmal sind dort auch Verkaufsstände, an denen Heilsteine, Schmuck, Tücher etc. angeboten werden – alles für die Frau. Für den Mann habe ich bisher nichts gesehen. Gegenüber der Rezeption, auf der rechten Seite, befindet sich ein Aquarium mit gelben Fischen und dahinter der Wartebereich für die Blutabnahme und kleinere medizinische Angelegenheiten, die die Schwestern erledigen können.

Geht man vom Wartebereich aus rechts den Gang entlang, befinden sich dort einige Ärztezimmer, das Labor und ein weiterer Wartebereich. Doch der Gang geht weiter geradeaus. Dort gelangt man zum Ergometer-Training, zum Schwimmbad, zu den Sporthallen sowie zur Krankengymnastik, Abrechnung und zur Sozialberatung.

Möchte man aber zum Speisesaal, muss man vor dem Foyer links den Gang nehmen. Dort befinden sich Briefkästen, weitere Ärztezimmer mit eigenem Wartebereich, ein Spielzimmer auf der linken Seite und der Speisesaal. Hinter dem Speisesaal geradeaus folgen ein Computerraum sowie ein Fahrstuhl und ein Besprechungsraum. Der Vortragsraum sowie die Psychologen befinden sich im vierten Stockwerk. Wer fit genug ist, kann ja gern die Treppen benutzen ;-).

Für mich war das alles auch erst einmal schwierig zu merken. Ich habe etliche Tage gebraucht, um zu kapieren, wo sich was befindet. Aber meine Orientierung ist ja auch nicht die beste. Mein Mann ist da ganz anders. Er kann auch mal eine neue Strecke mit dem Auto abfahren und schon hat er sie im Kopf. Dabei sagt er immer, dass sein Gedächtnis meiner Matschbirne gleicht.

Als ich mein Zimmer betrat, war ich sehr überrascht. Es sah auf der einen Seite sehr einladend aus, auf der anderen Seite doch veränderungsbedürftig. Das Bad ist aufgeteilt. Auf der einen Seite befinden sich Dusche und Toilette. Gleich hinter der Tür steht auf der anderen Seite das Waschbecken. Ich war am Anfang sehr verwundert, dass es auf dem Zimmer kein Duschgel, Shampoo und keine Seife gibt. Man darf halt nicht erwarten, dass man in ein Hotel kommt. Die Badutensilien muss man entweder von daheim mitbringen oder am Kiosk kaufen. Dieser hat immer von 14 bis 16:30 Uhr geöffnet.

Das Bett war für mich perfekt, jedenfalls auch für die Personen, die keine Riesen sind. Da ich anfangs täglich völlig müde und ausgepowert war, bin ich Gott sei Dank schnell eingeschlafen. Daheim war das ja immer etwas schwierig. Ich hatte leider keinen Balkon, nur so ein „Bescheißerle“ (ein sogenannter Austritt). Aber der Blick aus dem Fenster war herrlich. Ich schaute auf den bereits oben beschriebenen See.

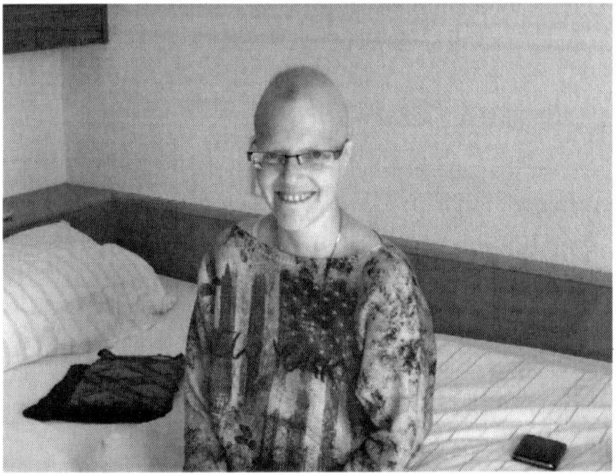

Das Essen hier gefiel mir sehr gut. Es gab viel Obst, viele Salate, Müsli zum Mischen und es schmeckte einfach alles lecker. Morgens und abends gab es kalte Küche, mittags warme Speisen. Allerdings gab es als Gewürze nur Salz und Pfeffer. Das finde ich schade, denn ich mag zum Beispiel Chili, Curry und Kurkuma sehr gern. Man wird gleich zu Beginn mit anderen Patienten an einen festen Tisch gesetzt, aber immer schön altersgerecht, sodass es zusammenpasst. Also das Restaurantpersonal würde jetzt zum Beispiel keine Achtzigjährige mit einer Dreißigjährigen zusammensetzen. Wie soll da auch ein Gesprächsthema entstehen? Da setzt man ja zwei verschiedene Welten zusammen.

Am zweiten Tag hatte ich gleich morgens in der Früh Blutabnahme und Blutgaskontrolle. Die Untersuchung des Blutgases findet am Ohr statt. Man reibt das Ohrläppchen mit einer Heparinsalbe ein, damit das Ohr durchblutet wird. Es fängt auch richtig schön an zu brennen. Aber bei dem, was ich schon alles erlebt habe, ist das gar nichts. Nach zehn Minuten wird die Salbe abgetupft und mit einem kleinen Messer ins Ohrläppchen geritzt. Das Blut nimmt man dann mit einem Röhrchen auf, das anschließend in ein Gerät gesteckt wird, das die Werte ausmisst. Blutgas bedeutet, dass sowohl der Sauerstoffgehalt als auch der Säure-Basen-Haushalt untersucht wird.

Die Blutwerte waren leider zu dem Zeitpunkt nicht so der Renner, aber ich dachte, das gibt sich wieder, auch wenn ich wieder anfange viel zu trinken. Man hatte festgestellt, dass mein Kreatininwert zu hoch war, ich zu viel Säure im Blut hatte (der damalige Wert lag bei minus acht), mein CRP-Wert, also der Entzündungswert, viel zu hoch, und mein Hämoglobin aber zu niedrig war – ungefähr bei 8,5 g/dl. Ich schätze mal, dass der Entzündungswert so hoch war, weil ich mal wieder Probleme im Genitalbereich hatte. Ich vertrug den Verhütungsring nicht mehr, das heißt im übertragenen Sinne, dass ich ihn nicht mehr halten konnte und er oft nach unten rutschte, was sehr schmerzhaft sein kann. Ihr wollt gar nicht wissen, wie sich der Bereich anfühlt, geschweige denn aussieht. Vielleicht sind das auch alles noch Nachwirkungen der Chemotherapie beziehungsweise der Antikörper. Immerhin war das alles noch nicht so lange her. Die letzte Chemotherapie hatte ich Ende Januar und die letzten Antikörper bekam ich Mitte März. Mein Mann und ich haben uns dazu entschieden, im nächsten Jahr eine Vasektomie, im Prinzip die Sterilisation des Mannes, durchführen zu lassen. Dann kann endlich der Störenfried (der Ring) weg und ich kann im Bett wieder durchstarten (lach!). Die Pille kann ich leider nicht nehmen, da aufgrund meiner vorhergegangenen Immunthrombozytopenie die Thrombosegefahr zu groß ist. Zudem sollte ich nach der Chemotherapie keine Kinder mehr bekommen, da die Missbildungsrate zu groß wäre.

Aufgrund meines erhöhten Entzündungswertes waren die Schwestern bei mir sehr vorsichtig. Sie wollten zwei Mal täglich Temperatur messen und ich sollte mich ein Mal in der Woche morgens nüchtern auf die Waage stellen – nicht, dass ich einen Infekt bekäme. Mein Immunsystem war ja immer noch relativ geschwächt.

Die Ärztin, ein richtiger „Bauerntrampel", groß gewachsen mit langen braunen und lockigen Haaren, die sich meiner Ansicht nach mal pflegen und den aufrechten Gang lernen sollte, sagte am Vormittag nach der Blutgaskontrolle, ich würde noch zu viel Kohlendioxid ausatmen. Das liege daran, dass die Niere es nicht schaffe, alle Schadstoffe auszuschwemmen. Komische Sache, hatte ich vorher noch nie gehört, aber es stimmt. Ich habe es im Internet nachgelesen. Sie meinte zusätzlich, ich solle mich überall anfassen. Da habe ich dann erst einmal verdutzt geschaut. Das kann man doch so nicht zu einem Patienten sagen. Sie erklärte, ich solle dies tun, damit mein Gehirn verstehe, dass zum Beispiel die Narben am Körper nicht mehr bedrohlich seien.

Aufgrund der erhöhten Säure im Blut verschrieb sie mir Bica-Norm, einen Säureblocker, eine Tablette täglich nachmittags. Den hohen Kreatininwert wollte man nur durch mehr Flüssigkeitszufuhr senken. Schlussendlich untersuchte sie meinen Körper von oben bis unten und besprach mit mir den Therapieplan.

Am Ende erzählte sie mir, dass sie für drei Wochen in den Urlaub gehe und ich dementsprechend an eine andere Ärztin „weitervermittelt" werde.

Es waren mittlerweile zwei Wochen vergangen und ich hatte wieder zwei Kilo zugenommen – nicht viel. Es dauert eben alles seine Zeit. Hier in der Reha-Klinik wollte man mich mästen. Ich bekam Vollkost und drei Mal täglich Zwischenmahlzeiten, die ich aber nicht schaffte. Außerdem musste man ja nun meine Ernährung wieder etwas umstellen, weil ich ja zu viel Säure im Blut hatte. Ich bekam zwar Säureblocker als Tabletten, aber ich wollte auch herausfinden, ob ich ernährungsmäßig etwas ändern konnte.

Ich saß mit drei Mädels an einem Tisch: Lucia ist über vierzig, Anastasia Anfang dreißig und Tizia etwa in meinem Alter. Tizia arbeitet in der Sparkasse. Sie ist sehr sportlich, hat eine schon recht muskulöse Figur, ist leidenschaftliche Radfahrerin und gern in der Muckibude. Das bin ich auch, obwohl meine Figur noch nicht so danach aussieht. Lucia ist von Beruf Klavierlehrerin. Sie ist esoterisch veranlagt und liebt eher Meditationen, Yoga und ist gern im Einklang mit ihrem Körper. Anastasia arbeitet als Zahnarzthelferin und liebt alles, was mit Bällen zu tun hat, sei es Tischtennis, Federball oder sonstiges. Vielleicht steckt ja ein kleiner Hund in ihr (lach!). Sie nimmt seit etlichen Jahren schon Gesangsunterricht. Ihre Stimme ist traumhaft. Da ich auch gern singe und Tischtennis spiele, haben wir zwei Mädels meistens die Abende verbracht. Wäre Tizia nicht nur ambulant dagewesen, hätte ich mit ihr auch einiges unternommen. Im Allgemeinen habe ich mich aber mit allen Mädels sehr gut verstanden.

Wenn Anastasia und ich abends nicht gerade Tischtennis spielten, saßen wir im Salon und spielten dort myRummy (die neuere Version von Rommé), Kniffel oder Mensch-ärgere-dich-nicht. Gelegentlich, wenn ältere Herrschaften mit im Zimmer saßen, hat man sich schon wie in einem Seniorenheim gefühlt.

Ich, Lucia und Anastasia nach dem Essen im Speisesaal

Tizia auf Fahrradtour bei schönem Wetter.

Beim Tischtennis spielen hörten wir oft Musik, und als wir eines Tages ein paar junge Leute kennenlernten, haben wir mit zwei Leuten aus dieser Gruppe, einem Kerl und einem Mädel, nach dem Abendessen zusammen Tischtennis in der Sporthalle gespielt. Besonders meine Wenigkeit wurde immer gelobt, ich würde ja wie ein Profi spielen. Das hat mir sehr geschmeichelt. Aber ich glaube die Lobhudeleien kommen daher, dass ich so klein und zierlich bin und mir deswegen niemand was zutraut. „Haha, falsch gedacht! Ich sag nur: klein, aber oho!“

Besonders lustig fand ich auch, dass Alessio mir immer zärtlich den Ball gegeben hat und immer darauf bestand, mir den Ball zu holen. Anastasia hat mich immer aufgezogen: „Jaja, du und die Männer … Wenn Alessio mitspielt, spielst du wie eine eins, und wenn wir allein sind, dann verfehlst du des Öfteren mal den Ball.“ Ich vermute, es lag eher an der Musik. Denn wenn wir mit anderen Personen gespielt haben, war die Musik immer aus.

Meine Wenigkeit mit Alessio

Eines Nachmittags begegnete ich Annemarie am See. Es war sonnig und die Vögel zwitscherten munter. Sie war mit ihrem Rollator unterwegs. Da sie wieder anfangen musste, eigenständig zu gehen, bot ich an, mit ihr Hand in Hand um den See zu spazieren. Den Rollator stellten wir ab da in eine Ecke. Das sah vielleicht aus, kann ich euch sagen! Die „Omi“ und ich – Hand in Hand. Madame ist ja auch um einiges älter als ich. Ich hätte glatt ihre Tochter sein können. Immerhin hat sie einen Sohn in meinem Alter. Der Spaziergang hat ihr gut getan und sie hat versucht, ohne daran zu denken, also automatisch, die Füße hochzunehmen, anstatt zu schlurfen. Doch mir sind die Blicke der anderen Patienten aufgefallen. Aber das ist mir im Prinzip egal. Ich habe einer netten und humorvollen Patientin geholfen, und das ist es, was zählt.

Am Tag darauf besuchten mich meine „Großeltern“, mit denen ich ja schon Silvester im Krankenhaus gefeiert hatte. Ich zeigte ihnen das gesamte Reha-Zentrum von oben bis unten. Danach gingen wir nebenan essen. Wie immer, habe ich zusätzlich eine heiße Schokolade getrunken, um an Gewicht zuzulegen. Danach waren wir im Park bei den Enten und kurz im Salinengarten. Der Ausflug tat mir sehr gut und es war so schön, beide zu sehen. Sie sind im Gegensatz zu meinen Eltern immer entspannt und lassen auch mal „alle Fünfe grade sein“.

Mein Therapieplan war relativ voll. Am Tag waren es bis zu acht Anwendungen. Manche begannen schon um 7 Uhr morgens, noch vor dem Frühstück, und manche endeten erst um 17 Uhr abends. Dazu gehörten Krafttraining, Atemgymnastik, Gedächtnistraining, psychologische Einzelberatung, Ergometer-Training sowie Rücken-, Neuropathie- und Beckenboden-Gymnastik.

Im Krafttrainingsraum beispielsweise absolvierte ich den Seilzug für die Arme, die Beinpresse, Rotation für den seitlichen Rumpf, Gymnastikübungen für die Bauchmuskulatur sowie Hanteltraining. Ich fing mit einem Kilo an, was mir echt peinlich war. Das Beckenboden-Training wurde mir vom Gynäkologen vor Ort verschrieben, damit ich den Verhütungsring besser bei mir behalte und er nicht so oft herausrutscht. Das ungute Gefühl hat sich leider bis heute noch nicht gebessert. Neuropathie-Training bedeutet, dass die Nerven der Füße reaktiviert werden, indem auf Noppenmatten getreten wird. Bei der Atemtherapie wurde mir anfangs immer schön die Narbe hinter der linken Brust massiert, weil die Haut sich mit der Zeit nach innen gezogen hat. Die Atemtherapeutin meinte, dies sei nicht so gut, weil ich dann nicht in die linke Flanke atmen könne und alles verklebte. Für mich sei es aber wichtig, tief in die linke Flanke (den linken Lungenflügel) einzuatmen, weil sich ja dort im Narbengewebe Schleim einnisten könne.

Eines Nachmittags hatte ich psychologische Gruppentherapie. Wir waren ungefähr zehn Leute und trafen uns im Besprechungsraum. Die Mannschaft begann von ihren Krankheitsgeschichten zu erzählen, von ihren Sorgen, was sie nicht mehr machen können, dass sie zum Teil keine Gesprächspartner daheim hätten und deshalb Angst davor haben, wieder nach Hause zu gehen. Mich hat das alles so heruntergezogen, dass ich, als am Ende alle aus dem Raum waren, angefangen habe zu heulen. Der Therapeutin habe ich dann gesagt, dass ich nur noch Einzeltherapie haben möchte.

Eines Morgens hatten wir auch Gehtraining, damit der Trainer sehen konnte, wie fit wir waren. Wir sollten so schnell wie möglich und so viele Runden wie möglich um den See laufen. Ich habe gerade mal zwei Runden geschafft. Dem Therapeuten habe ich gesagt, dass ich das Soft-Walken erst einmal sein lasse und irgendwann später noch einmal probiere. Während wir nach dem Soft-Walken um den See spazieren gingen, sahen wir die schon erwähnten Enten und ihre Küken – eine richtig niedliche Familie. Selbst der Erpel war fleißig dabei, auf die Küken aufzupassen und schnatterte immer, wenn er die Kleinen ermahnte. Die Entenmama hatte sich leider am Bein verletzt und humpelte. Aber wo sollte ich hier einen Tierarzt finden? Vor allem, wie fängt man die Ente am besten ein, ohne gekratzt oder gebissen zu werden? Ich war ratlos – und so habe ich leider nichts unternommen (schäm dich Mädel!).

Die Entenmama mit ihren Küken am See

Eines Abends bin ich mit mehreren Mädels in die Lunara-Bar gegangen und wir haben alkoholische Cocktails getrunken, obwohl das nicht wirklich erlaubt war. Der Grund des Treffens war die Verabschiedung einer Mitpatientin. Wie schnell doch die Zeit vergeht! Am nächsten Morgen war es dann so weit. Da wir uns alle so lieb hatten und keiner wollte, dass sie geht, haben wir kurz vor Eintreffen des Ehemannes noch ein Gruppenkuscheln veranstaltet. Ich finde das immer recht witzig – aber auch herzlich, weil es ausdrückt, wie viel man einander bedeutet.

Des Weiteren hatte ich am Nachmittag ein Beratungsgespräch zum Thema meiner Wiedereingliederung. Im Wartebereich kam ein eigentlich recht sympathischer Physiotherapeut auf mich zu: „Bist du jetzt bei mir? Nein? Ach wie schade, dass du es nicht bist." Dabei zog er ein ganz trauriges Gesicht. Seit diesem Tage hat der Kerl mich nicht mehr „mit dem Arsch angeschaut". So ein Idiot! Die beleidigte Leberwurst spielen, bloß weil ich keinen Termin bei ihm hatte – tztztz …

Als psychologische Therapeutin in Einzeltherapie bekam ich eine sehr liebe, witzige und taffe Person, die wie meine ehemalige Englischlehrerin aussieht. Ich erzählte ihr von meinem Engelchen und Teufelchen. Das Engelchen sagt immer: „Ach, war doch alles gar nicht so schlimm. Hast doch alles easy überstanden." Das Teufelchen hingegen mahnt immer wieder: „Du hättest aber auch sterben können." Frau Lindenmeyer erklärte mir, das Engelchen sei eigentlich das Teufelchen und umgekehrt. Das Teufelchen sei der Beschützer, der darauf achte, dass ich vorsichtig bin, bei allem was ich tue. Das Engelchen hingegen verkörpere das Risiko, wenn es behauptet, dass ich im Prinzip so weitermachen könne wie bisher.

Dort in der Reha werden auch Vorträge gehalten, aber da muss man nicht unbedingt hingehen. Es ist zum Teil auch wirklich ätzend langweilig. Ins Schwimmbad durfte ich leider nicht gehen, da ich noch immungeschwächt war und die Keimbelastung dort zu hoch ist, vor allem in den Gemeinschaftsduschen, wie mir der Oberarzt gestand, der auch Onkologe und Hämatologe ist. Ich sollte darauf achten, regelmäßig meine Hände zu desinfizieren und erkälteten Patienten gegenüber Abstand zu halten, weil eine Infektion fatal für mich wäre. Aus diesem Grund auch wurde bei mir mindestens zweimal täglich Fieber gemessen und einmal in der Woche Blut abgenommen. Seit ich begonnen habe wieder mehr zu trinken, haben sich meine Blutwerte deutlich verbessert. Allerdings war mein Blut noch immer sauer und der Hämoglobinwert lag bei 8,7 g/dl. Die Säureblocker schienen also kaum zu helfen.

Ich wunderte mich, dass ich trotz all dem täglich recht fit war. Ich muss sagen, mir tat die Reha wirklich sehr gut. Ich hatte hier gleich Anschluss gefunden und lachte viel. Schnell habe ich wieder Muskeln aufgebaut und mein Gang wurde fester, fast ohne Gleichgewichtsprobleme und nicht mehr so schief. Da ich mich täglich bewegte, raste mein Herz auch nicht mehr so arg, wenn ich z. B. die Treppen hinaufstieg.

Es gab einige lustige Szenen, die ich Euch nicht vorenthalten möchte:

> Eines Nachmittags hatten wir rückenstabilisierende Gymnastik. Wir sollten einen Lederball nehmen und diesen mit geradem Rücken in Form einer Acht durch beide Beine schwenken. Jetzt war der Ball aber viel zu groß für meine Hand und irgendwie wollte die ganze Sache durch die Beine auch nicht so funktionieren.

Meine Tischnachbarin Anastasia sagte zu mir: „Mach deine Beine breit!“ Schon da begannen alle Patienten samt Therapeuten zu lachen. Ich machte die Beine breiter und sagte: „Breiter geht’s nicht.“ Wieder hallte das Gelächter durch die Sporthalle. Zur Krönung fragte mich der Therapeut Matthias noch: „Soll ich nachhelfen?“ Ich wurde rot vor Scham und meine Tischnachbarin kicherte ohne Ende. Aber sie soll ruhig lachen, denn Lachen ist ja sehr gesund. Zudem trainiert man damit die untere Bauchregion sowie die Lendenwirbel.

Die zweite Episode war ein peinliches Malheur, das mir von meiner anderen Tischnachbarin berichtet wurde. Eines Morgens war Gymnastik im Schwimmbad geplant. Die Patienten bekamen für die erste Übung eine bunte Schaumstoffrolle. Da in dem Becken ein blinder Patient mit dabei war, konnte er ja leider nicht sehen, was man wirklich von ihm verlangte. Die Rolle sollte unter Wasser bleiben, doch sie rutschte bei ihm nach oben. Die Therapeutin sagte daraufhin: „Lassen Sie Ihre Nudel im Wasser!“ (kicher!). Ich habe Tränen gelacht. Tja, man sollte vielleicht erst denken, dann reden. Noch heute ist dieser Spruch bei allen im Gedächtnis.

Den dritten Lacher hat meine Mutter anfangs nicht verstanden, doch auch sie ist nach etlichen Sekunden dahinter gekommen. Und zwar bin ich eines Tages kurz vor der Gymnastiktherapie auf die Toilette gegangen, weil ich mir sonst in die Hose gemacht hätte. Anastasia nahm schon mal meine Tasche mit und versprach dem Therapeuten zu sagen, dass ich gleich „komme“. Ich beeilte mich, kam keuchend in die Sporthalle und wurde sofort vom Therapeuten angegrinst. Am Ende der Therapie sagte sie mir, der Therapeut habe erwidert: „Jaja, das sagen alle Frauen" – also dass sie „gleich kommen" würden. Haha, na das ist mal ein Sprücheklopfer ;-).

Eines Tages, als mein Mann nachmittags zu Besuch kam, beschlossen wir, einen Rundgang um das Wasserschloss zu unternehmen. Das Sole- und Gradierwerk mit angrenzendem Wildtierpark und dem Salinengarten wollten wir ebenfalls besichtigen. Dieser Ausflug ist absolut empfehlenswert. Um das Schloss herum befindet sich ein großer See, in dem sogar Wasserschildkröten zu finden sind. Als wir ankamen, hat sich eine von ihnen auf einem Stein in der Sonne gewärmt. Neben dem Wasserschloss steht ein bunt bemaltes Müllmonster.

Das Wasserschloss

Das Müllmonster vom Wasserschloss

Das Sole- und Gradierwerk befindet sich im Salinengarten, der nur wenige Meter vom Klinikpark entfernt ist. Dies ist ein Ort der Ruhe – zum Entspannen und Wohlfühlen, wunderschön bepflanzt mit außergewöhnlichen Blumen und Bäumen. Das Gradierwerk ist eine Anlage zur Salzgewinnung. Sie besteht aus einem Holzgerüst, das mit Reisigbündeln gefüllt ist. Über diese Reisigbündel läuft salzhaltiges Wasser. Der Ort ist für lungenkranke Menschen sehr empfehlenswert, da das Salz hier als feuchter Nebel eingeatmet werden kann.

Das Gradierwerk, Quelle: Wikipedia

Wenn ich mich dort hinbegeben habe, spürte ich jedoch keine wirkliche Verbesserung der Atmung. Ich habe auch nicht einmal das Salz gerochen. Doch es saßen immer sehr viele Menschen vor diesem Gradierwerk und man konnte sogar das Salz auf dem Boden sehen. Einige Schritte davon entfernt steht ein Häuschen, in dem ein Rohr in die Erde führt. Aus diesem Rohr hat man damals die Sole hochgepumpt.

Hier noch ein paar Bilder des Salinengartens:

Nicht zu vergessen sind die Tiere, die es am Waldrand des Salinengartens zu entdecken gibt:

Im Wildtierpark bekommt man auch Ziegen und Böcke, einen Esel, ein Pony und ein Alpaka zu sehen. Die weiblichen Ziegen

sind sehr zahm und wollen immer gestreichelt werden. Aber der „Gatte“ meckert dann immer. Er versucht die Kontrolle und den Überblick über seine Damen zu behalten. Doch nach dem Streicheln musste ich mir wieder die Hände desinfizieren, weil Tiere bei meinem geschwächten Immunsystem auch Krankheiten übertragen könnten.

Als es auf Ostern zuging, durfte ich ausnahmsweise nach Hause, also im Prinzip auf eigene Verantwortung. Darüber war ich sehr glücklich, denn mein Mann hatte auch ein paar Tage frei. So konnten wir in aller Ruhe unsere Zweisamkeit genießen.

Am Ende der zweiten Woche in der Reha hatte ich wiederum ein Arztgespräch, diesmal bei der anderen Kollegin, da der „Bauerntrampel" ja im Urlaub weilte. Die Kollegin ist ebenfalls hoch gewachsen, blond, sieht recht freundlich aus und war an dem Tag leicht geschminkt. Dennoch konnte man ihr kein Lächeln abgewinnen. Ihr Gesicht war wie versteinert. Da sich der Säuregehalt meines Blutes noch immer nicht gebessert hatte, verschrieb sie mir nun täglich zwei Tabletten. Sie fragte mich, ob ich die Reha um eine Woche verlängern wolle. Ich bejahte sofort, denn diese war in der Tat erholsam für mich. Im Nachhinein stellte sich heraus, dass die Beantragung einer Verlängerung zu spät erfolgte, was aber nicht an mir lag. Schließlich hat man dennoch ein Auge zugedrückt und ich durfte noch eine Woche länger bleiben, insgesamt also vom 30. März bis 27. April 2017. Wir besprachen am Ende noch die Blutwerte, die sich aufgrund meines vielen Trinkens deutlich gebessert hatten, sodass ich auch kein Blut bekommen musste. Das hätte nämlich das Ende der Reha für mich bedeutet, denn in der Nähe dieser Klinik gibt es kein Krankenhaus, das mir hätte Blut verabreichen können. Also hätte ich zurück in meine Heimat ins Vilaminjo-Krankenhaus gemusst und die Reha wäre abgebrochen worden.

Ich jubelte: „Hab ich immer ein Glück, mein lieber Scholli! Erst die gute Nachricht, dass kein Lymphom mehr zu sehen ist, dann die Verlängerung der Reha und zuletzt noch die verbesserten Blutwerte!" Zudem hatte ich auch wieder an Gewicht zugelegt und fast wieder mein Idealgewicht erreicht. Da gibt es wohl eine höhere Macht, die ihre Finger mit im Spiel hat. Vielleicht haben meine Großeltern im Jenseits sogar „mitgeholfen“. Ich muss schon sagen, dass ich ein spiritueller Mensch geworden bin und an einen Schöpfer glaube. Auch bin ich mir ziemlich sicher, dass es Schutzengel und Geistesführer gibt, die mich beschützen, die Wege ebnen und darauf achten, dass ich auf dem rechten Weg bleibe. Auch glaube ich daran, dass jeder seine Aufgabe bekommt, um auf das spätere Dasein vorbereitet zu werden. Das Leben ist für mich nach dem Tod noch nicht zu Ende. Ich glaube an ein Jenseits, eines, in das alle Seelen gehen, wenn sie ihren Körper verlassen haben. Angst vor dem Tod selbst habe ich nicht, denn ich glaube ja daran, dass die Seele in irgendeiner Weise weiterlebt. Doch die Art, wie man sterben wird, davor habe ich Angst. Es soll am besten kein langsamer Prozess werden; das wäre eine Qual. Doch das habe ich ja leider nicht in der Hand und nicht zu bestimmen.

Zu erwähnen ist leider noch, dass ich genau eine Woche vor meiner Abreise eine heftige Erkältung bekommen habe. Nachts habe ich richtig schlimme Halsschmerzen bekommen. Sie fühlten sich aber nicht wie normale Halsschmerzen an; es war eher wie ein heftiges Brennen über den gesamten Hals hinweg. Zusätzlich musste ich dauernd niesen und habe schlecht Luft bekommen. Die Ärztin sagte, meine Erkältung sei durch eine Pollenallergie entstanden. Ob ich wirklich Allergikerin bin, weiß ich nicht, aber manchmal habe ich schon Heuschnupfen-Symptome im Sommer. Auch im Blut waren die Allergiewerte immer zu hoch. Die Allergologen haben schon mehrfach versucht, über die Haut Allergien nachzuweisen, doch das funktionierte bei mir nie. Eine Reha-Patientin sagte mir, dass vermutlich meine Haut zu dünn sei, um Entzündungszeichen anzeigen zu können. Ich wollte auch mal herausfinden, auf welche Nahrungsmittel ich allergisch reagiere. Mein Hausarzt sagte aber, wenn ich einen Nahrungsmittelallergietest übers Blut durchführen ließe, werde sich herausstellen, dass ich so gut wie gar nichts mehr essen könne.

Die Ärztin verschrieb mir schlussendlich den Ambroxol-Saft und tägliches Rotlicht, um den Schleim zu lösen. Zusätzlich sollte ich ein Nasenspray, Lorano Akut (Allergietabletten) und Lutschtabletten einnehmen. Citirizin, auch Allergietabletten, nur höher dosiert, sind für mich strengstens verboten, da meine Nierenwerte ja nicht die besten sind – sie schädigen anscheinend die Nieren.

In der letzten Woche der Reha habe ich natürlich nicht viel Hardcore-Sport getrieben, dennoch regelmäßig leichte Sachen wie zum Beispiel Beckenbodentraining oder Atemgymnastik mitgemacht. Das tägliche Rotlicht hat mir immens gut geholfen. Meine Güte, was man da alles abhusten kann, ist der Wahnsinn! Gymnastik in der Gruppe wurde mir wegen der Ansteckungsgefahr untersagt

Gegen Ende der dritten Woche sollte ich noch mit einer Sozialberaterin über die Wiedereingliederung in den Beruf sprechen und ich durfte mir 22 Euro von der Abrechnung abholen, weil meine Eltern mich hierher gebracht hatten. Keine Sorge, das Geld habe ich ihnen natürlich überreicht ;-).

Am Donnerstag, dem 27. April 2017 wäre der Abreisetag gewesen. Da ich an dem Tag aber keine Anwendungen mehr hatte, durfte ich am Mittwochabend bereits gehen. An diesem Tag fragte mich die Gymnastik-Trainerin Freya, ob ich nicht Lust hätte, mit ihr Kaffee trinken zu gehen. Da ich sie sehr sympathisch finde und wir auf einer Wellenlänge liegen, stimmte ich zu. Sie nahm gleich ihr Fahrrad mit, denn sie hatte schon Feierabend. Im Café Lunara trank ich eine heiße Schokolade, sie bestellte einen grünen Tee und wir quatschten über Gott und die Welt. Es kam heraus, dass sie ursprünglich aus der Stadt kam, in der die Familie meines Schwagers wohnt. Wie klein die Welt doch mal wieder ist. Selbstverständlich tauschten wir auch gleich Nummern aus. Auf dem Rückweg in die Reha wartete schon die Ärztin auf mich. Das letzte Gespräch gegen 17 Uhr, also drei Stunden vor der Abreise, war sehr entspannt und ich konnte ihr sogar ein Lächeln entlocken. Das hat mich sehr erstaunt. Vielleicht war sie ja froh, mich los zu sein (lach!).

Nach dem Abendessen habe ich mich von allen im Speisesaal verabschiedet, sämtliche Kontaktadressen eingesammelt und Fotos geschossen. Der absolute Hammer war, dass mich keiner gehen lassen wollte – wirklich niemand. Alessio sagte noch zu mir: „Wirklich traurig, dass du gehst. Ohne dich ist alles doof." Der Satz hat mich echt gerührt. Wäre schön, wenn man so etwas öfter zu hören bekäme. Auf dem Weg zur Sporthalle, Anastasia und ich wollten noch ein letztes Mal Tischtennis spielen, hat mich jeder umarmt und geknuddelt, von der Rezeptionistin bis hin zur Schwester. Doch leider konnten Anastasia und ich nur ganz kurz Tischtennis spielen, denn um 19:30 Uhr kam die Line-Dance-Truppe. Ich wollte ja eigentlich die ganzen vier Wochen über Line-Dance mittanzen, doch mein Therapieplan ließ es nicht zu (schnief). Als die Musik schon anfing zu laufen, wirbelte mich eine sehr magere Dame mit grauen langen Haaren durch die Gegend. Das war mir auch schleierhaft, ich wog ja immerhin schon wieder 40 Kilo und ihre Extremitäten sahen nun wirklich nicht aus, als ob sie Dutzende von Kilos hätte stemmen können. Da Matthias (Trainer der Rückenstabilisierenden Gymnastik) leider schon nicht mehr im Hause war, legte ich ein liebevolles Abschiedskärtchen in sein Fach. Die Rezeptionistinnen bekamen ein Feierabendbier.

Als letztes, es war schon acht Uhr abends, musste ich mich endgültig von Anastasia verabschieden, denn mein Mann stand schon parat, um mich abzuholen. Sie überreichte mir ein kleines Abschiedsgeschenk; wir hatten leicht Pipi in den Augen. Ich durfte das Geschenk erst daheim öffnen, doch ich verrate es Euch: Die Tüte enthielt Badezusatz mit der Aufschrift „Habe Dich Lieb", ein paar Dinkel-Schoko-Süßigkeiten und ein paar chinesische Teebeutel. Auf der Heimfahrt war ich sehr aufgewühlt und konnte noch gar nicht realisieren, dass die schöne Reha-Zeit ein Ende gefunden hatte.

12. Die Zeit danach: Die Nachsorge-Rehabilitation, Wirrwarr im Kopf sowie mein Sommerfest

Nach insgesamt vier Wochen Reha-Aufenthalt war ich wieder daheim. Die Zeit war wie im Flug vergangen. Am liebsten wäre ich noch deutlich länger geblieben. Ich habe gemerkt, dass ich einfach glücklicher bin, wenn immer irgendwelche Personen um mich herum sind. In der Reha bin ich dadurch richtig aufgeblüht – und das fehlte jetzt ein wenig. Klar, ich habe mein „Männle", der allerdings täglich arbeiten geht, und meine Eltern. Auch tausche ich mit einigen Leuten WhatsApp-Nachrichten aus, aber es ist nicht dasselbe. Zudem fehlte mir nun die tägliche Action. Deshalb bin ich auch am Anfang daheim in eine Depression gefallen und habe viel geweint. Doch als nach zwei Wochen endlich der lang ersehnte Aufnahmetermin in der ambulanten IRENA-Nachsorge-Reha Sempera in der nächstgelegenen Stadt anstand, besserte sich meine Laune schlagartig. Denn ich wusste, wenn ich dort meinen Körper aufbaue, vergesse ich für eine Weile meine Krankheitsgeschichte. Ich bekomme Muskeln, bin wieder unter Menschen und das macht mich glücklich :-). IRENA bedeutet übrigens, dass es eine Reha mit onkologischem Hintergrund ist.

Aber mal abgesehen davon, habe ich in der Karasania-Wohlfühl-Klinik gemerkt, dass ich täglich Sport brauche. Es ist mittlerweile zu einer Sucht geworden. Es tut mir unglaublich gut, es gibt einem ein wahnsinniges Glücksgefühl und die Sorgen rücken in den Hintergrund. Ich machte zwei Mal in der Woche Gerätetraining in der IRENA-Nachsorge-Reha Sempera, zwischendurch Gymnastik daheim und ging ein Mal in der Woche in die Innenstadt zu Medioaktiv und bekam dort Physiotherapie.

Die ambulante Reha ist sehr nett eingerichtet. Im Erdgeschoss befinden sich auf der linken Seite ein Fahrstuhl und die Damenumkleide mit Toilette. Auf der Seite gegenüber liegen die Rezeption und der Gymnastikraum. Eine Etage tiefer befindet sich die Muckibude. Die Ärzte und die Vortragsräume sind in den höheren Etagen zu finden.

Am Aufnahmetag fand sogleich eine ärztliche Kontrolle statt. Es gab zuerst ein ausführliches Gespräch. Danach musste ich mich bis auf den Slip ausziehen. Die Ärztin hat den kompletten Körper begutachtet, auch die Narben. Danach sollte ich auf- und abgehen, Beine strecken, beugen, mich bücken und vieles mehr. Anschließend hat sie noch meine Knie- und Fußreflexe geprüft. Nach dem Gespräch sollte ich ins Untergeschoss und dort einen ersten Aufnahmetermin für den Trainingsablauf vereinbaren.

Ich muss sagen, dass bei einer Nachsorge-Reha leider keine weiteren Therapien angeboten werden, außer Krafttraining, Walken und Gruppengymnastik. Gedächtnistraining und Atemtherapie, geschweige denn Physiotherapie gab es nicht.

In der Muckibude trainierte ich zwei Mal pro Woche, meistens montags und freitags. Mittwochs war draußen immer Walken und danach Gymnastik angesagt. Aufgrund des wechselhaften Wetters war mir das nicht so geheuer. Im Innenbereich benutzte ich sehr viele verschiedene Trainingsgeräte, weil ich alles ausprobieren und auch meinen kompletten Körper fit machen wollte, im Prinzip von Kopf bis Fuß einmal durch. Da waren zum Beispiel die Beinpresse, das Abduktionsgerät für die Innen- und Außenschenkel, der Seilzug, das Butterfly-Gerät für die Schultermuskulatur sowie die Rotationsmaschine für den gesamten Rumpf. Dazu kam noch Hanteltraining mit bis zu sieben Kilo schweren Stangen. Das ist schon eine ordentliche Hausnummer für eine zierliche Person wie mich. Meistens merkte ich mittendrin, dass es mir unglaublich viel Spaß und mich glücklich machte – und mich auf andere Gedanken brachte, sodass ich dann sogar bis zu zwei Stunden dort trainierte.

Man sah auch schon kleine Erfolge an meinem Körper. Es schwabbelte nicht mehr alles herum (lach!). Der Körper wurde also straffer und an den Armen bauten sich die Bizeps ordentlich auf. Die Wadenmuskeln haben sich auch entwickelt. Es dauert allerdings eine Zeit lang, bis man richtig Muskeln an den Oberschenkeln sieht. Und wie ich festgestellt habe, hat sich meine Brust vergrößert, da die Brustmuskeln kräftiger geworden sind, hehe, yippieh! (lach!).

Die Sporttherapeuten waren alle sehr nett und hilfsbereit. Man machte auch schon mal ein paar Späße zusammen. Aber es ist nicht dasselbe, wie in der Karasania-Wohlfühl-Klinik. Dort sind selbst die Ärzte und Therapeuten offener, man freundet sich mit ihnen an und ist per Du. In der ambulanten Reha denken die nicht mal eine Sekunde daran; es ist einfach unpersönlicher. Wahrscheinlich weil sie wissen, dass man sich ohnehin nicht täglich sieht und die gemeinsame Zeit noch begrenzter ist.

In den darauffolgenden Nächten kamen mir immer wieder die fürchterlichen Gedanken, die ich weiter oben schon erwähnt hatte: Was wäre gewesen, wenn …? Hätte ich mich anders verhalten oder ernähren können? Hätte ich mehr Sport treiben sollen? – Und vieles mehr. Hätte ich damit die Krankheit vielleicht verhindern können? Mir kamen immer die Tränen, da ich den Gedanken einfach schrecklich finde, wenn man gehen und einen geliebten Menschen allein zurücklassen muss. Es war schon über ein Jahr her und erst damals scheine ich erst alles realisiert zu haben. Mein Mann und ich haben auch über den Tod und das Sterben geredet und über mein Teufelchen und Engelchen im Kopf. Es waren harte Nächte, doch diese waren für die Aufarbeitung meiner Krankheit und der Erlebnisse sehr wichtig.

Angst vor dem Tod habe ich nicht, denn so, wie das Leben mit der Geburt beginnt, muss man auch akzeptieren lernen, dass irgendwann der körperliche Tod eintritt. Aber das begreift oder akzeptiert man wahrscheinlich erst, wenn man dem Tode nahe gekommen ist. Ich aber habe vor dem Sterbeprozess Angst. Am liebsten wäre es mir, wenn ich steinalt und schrumpelig bin, einfach im Bett einzuschlafen und nicht mehr aufzuwachen. Und dazu noch Hand in Hand mit meinem Mann. Schöne Vorstellung – aber ehrlich gesagt: sehr unrealistisch!

Ich möchte verbrannt werden. Man kann ja meine Organe wegen der Chemotherapie ohnehin nicht mehr verwenden. Außerdem ist der Gedanke, dass der Körper von Maden und Würmern zerfressen wird ekelerregend. Ich finde es nicht schlimm, wenn mein Körper verbrannt wird, denn er ist ja nur noch eine leblose Hülle. Die Seele ist ja schon längst im Jenseits. Schön fände ich es, wenn Angehörige meine Asche im Wind oder im Meer verstreuen könnten, aber wäre das dann nicht Umweltverschmutzung? Wenn das nicht möglich ist, wünsche ich mir, neben meinem Mann unter einem Baum begraben zu werden, falls er vor mir sterben sollte. Ich hatte mir auch den neuen Kirschbaum vorgestellt, den meine Eltern mir als Genesungsbaum auf einer Streuobstwiese gepflanzt haben, aber mein Mann sagte, dass der gewünschte Baum auf dem Friedhof stehen müsse. Also in der Hinsicht sind die Bestattungsregeln in den USA doch freier.

Bei meiner Beerdigung möchte ich, dass alle fröhlich sind und sich freuen, mich gekannt zu haben. Ein Picknick soll veranstaltet werden, entweder halt vor dem Baum oder einfach in der freien Natur. Das geht natürlich nur, wenn das Wetter passt :-P. Man darf sich kleiden wie man möchte, tanzen und sich an wunderbare gemeinsame Momente erinnern. Es soll auch kein trauriges Lied gespielt werden. Beispiele wären: Always look on the bride side of life von Monty Python oder Shake away von Michael Patrick Kelly. Diesen Burschen würde ich so gern mal noch persönlich kennenlernen und ihm mein Buch überreichen. Vielleicht gibt es hier eine Person, die das gerade liest und so etwas ermöglichen kann :-D.

Was das Thema Koma bzw. Wachkoma, Schädel-Hirn-Trauma, Hirntod und Abschaltung der Geräte angeht, bin ich ziemlich ratlos. Es gibt so viele verschiedene Berichte. Der eine wacht schon nach einem halben Jahr wieder auf, der andere nach drei Jahren, obwohl die Ärzte einem sagen, dass es keine Hoffnung mehr gibt. Es geschehen tatsächlich immer noch Wunder auf dieser Erde. Aber über dieses Thema muss ich noch gründlicher nachdenken. Deswegen habe ich auch noch keine Patientenverfügung verfasst.

Bei einem „Hirntod" würde ich warten wollen, bis mein Herz von selbst zu schlagen aufhört. Für mich ist man noch nicht tot, wenn das Gehirn den Geist aufgibt. Ich würde übrigens als „Hirntote" auch nie Organe spenden, weil ich in etlichen Fernsehdokumentationen gehört habe, dass der Körper bei der Organentnahme noch heftige Reaktionen zeigt. Deswegen werden manchmal die Organe in einer Vollnarkose entnommen. Also für mich ist klar: Zeigt der Körper noch Reaktionen und wehrt sich, ist man noch nicht tot! Aber das Thema Organspende hat sich ja für mich ohnehin erledigt.

Wenn ich irgendwann sterbe, möchte ich – eigentlich wie jeder – daheim sterben. Dort fühlt man sich am wohlsten und ist bei seinen Liebsten. Aber ich kann das meinem Mann beziehungsweise meiner Familie nicht zumuten, mich rundum zu versorgen, auch wenn zusätzlich Schwestern oder Pfleger dabei sind. Deswegen wäre vielleicht ein Hospiz oder ein betreutes Wohnen gar nicht so verkehrt. Man würde mich ja trotz allem regelmäßig besuchen. Das klingt jetzt schon wie ein Testament, es sind aber lediglich Gedanken, die auch noch nicht ganz ausgereift sind. Es ist schon heftig, was einem so durch den Kopf schießt, wenn man so schwer erkrankt … Aber irgendwie ist es auch normal oder?

Für mich persönlich ist wichtig geworden, dass man viel Zeit mit Familie, Freunden und netten Menschen verbringt, die einen ein Leben lang begleiten (möchten) und dass man einfach dankbar für alles im Leben sein sollte. Denn nicht jedem geht es so gut wie uns. Viele leiden an unheilbaren Krankheiten, auch in Ländern, in denen es keine gute Versorgung gibt. Viele arme Menschen haben kein Dach über dem Kopf, nichts zu essen. Und sauberes Wasser ist in vielen Ländern noch ein Fremdwort. Wir haben die Möglichkeit, immer wieder im Jahr in der freien Natur uns erholen zu können. In anderen Ländern muss man selbst als Kind den ganzen Tag von früh bis spät auf den Feldern arbeiten – als Kind, das eigentlich Kind sein und spielen sollte.

Es gibt auch immer noch viel zu viele Arbeitslose in diesem Land. Seid dankbar dafür, dass ihr überhaupt arbeiten könnt und dürft, auch wenn nicht immer alles rosarot ist. Meiner Meinung nach hat jeder, der nur Negatives aus seinem Berufsalltag zu berichten weiß, den völlig falschen Beruf erlernt.

Die Krankheit hat mich auch so weit geprägt, dass ich mich mittlerweile über jede kleinste Umarmung, jedes noch so kleine Gespräch oder einfach über jede nette Geste freuen kann. Genießt die vielen kleinen Momente, die die Menschen oder die Natur Euch schenken. Lebt Eure Träume aus! Das Leben ist zu schön, um griesgrämig und gestresst zu sein. Auch beobachte ich die Natur genauer, freue mich, wenn Blumen blühen, duften und Schmetterlinge fliegen. Es sind viele Kleinigkeiten, die mittlerweile mein Leben bereichern. Ich werde auf jeden Fall die zweite Chance nutzen, die mir gegeben wurde, und mehr auf mich und meine Gesundheit achten!

Verlieren wir uns aber nicht in so tiefgründigen Gedanken und kommen wir zurück zum Krankenhaus: Es war Mittwoch, der 14. Juni 2017, der Tag einer erneuten CT-Kontrolle. Ich war wie immer schwer nervös, aber weniger vor dem Ergebnis, als vor der Blutentnahme. Ich hatte wieder zwei Wochen lang fleißig meine täglichen zwei Liter Sprudel getrunken, also konnte eigentlich nichts schiefgehen. Um 10 Uhr morgens hatte ich den Termin, da der ganze Ablauf aber wie üblich länger dauert, bin ich schon wesentlich früher ins Krankenhaus. Ich meldete mich gleich im Sekretariat an. Frau Schmander war immer noch Chefsekretärin, mittlerweile aber für einen anderen Herrn zuständig, da ja Prof. Dr. Meinzer nur noch drei Mal pro Woche in einer gastroenterologischen Praxis arbeitet. Allerdings erzählte sie mir, dass sie des Öfteren dennoch Anrufe von ihm bekomme und für ihn Kleinigkeiten recherchieren und Nummern heraussuchen solle. Aber für so einen netten Herrn mache man es ja gerne – auch entgeltlos. Frau Schmander war an dem Tag wirklich wunderschön gekleidet. Sie hatte eine weiße Rüschenbluse an und ihre Haare waren zu einem Dutt geflochten. Ein paar Jährchen jünger hätte man sie schon schätzen können.

Nach der Anmeldung im Sekretariat sollte ich in die hämatologisch-onkologische Ambulanz. Dort musste ich eine Nummer ziehen, im Wartezimmer Platz nehmen und nach dem Aufruf meines Namens in die Anmeldung zur Blutentnahme gehen – ein neuer Vorgang, seit der Prof. Dr. Meinzer nicht mehr hier war. Als ich endlich drankam und man mir den Port angestochen hatte, kam – kein Blut! Himmel Herrgott nochmal! Warum funktionierte das blöde Ding schon wieder nicht? Es war zum aus der Haut fahren. Na gut, dann wurde ich eben wieder malträtiert. Doch eine Vene an der Hand wurde schnell gefunden und es floss sogar reichlich Blut. Mit einem Zettelchen in der Hand sollte ich anschließend zur Patientenaufnahme direkt am Eingang des Krankenhauses gehen. Dort hatte man meine Daten notiert, die Aufnahmeblätter für das CT angefertigt und unterschrieben. Dieses Mal musste ich keine Mappe mit zu den Radiologen nehmen – wieder etwas Neues. Seit April wurde alles elektronisch weitergereicht. Das gab gleich Mal mehrere Pluspunkte fürs Krankenhaus :-P.

Der CT-Raum befindet sich im Untergeschoss. Bevor ich mich in die Röhre begeben konnte, musste ich allerdings eine ganze Weile warten, da das Blutbild noch nicht da war. Ihr fragt Euch jetzt, warum ich denn auf das Blutbild warten musste … Das ist ganz einfach zu erklären: Wenn die Nierenwerte, also der Kreatininwert und der Harnstoff, zu hoch sind, dann verabreichen sie einem kein Kontrastmittel über den Port, weil dies zu konzentriert im Körper wirkt und die Niere, wie schon beschrieben, das Kontrastmittel dann nicht verarbeiten kann. Allerdings durfte ich einen halben Liter Kontrastmittel trinken. Beim Trinken ist es nur halb so konzentriert, da die Flüssigkeit ja im ganzen Körper verteilt wird. Am Anfang schmeckt es wirklich eklig, aber nach einer Weile gewöhnt man sich daran. Im Wartebereich saß ein stämmiger, gut gebauter Mann mit Glatze, der innerhalb einer Viertelstunde den halben Liter in sich rein kippte. Das mach mal einer nach! Bei mir haben die Radiologen zweimal reingeschaut, ob ich endlich fertig war. Ich dachte, Mann, die sollen nicht so ein Theater machen! Ich kann halt nicht so schnell. Wo soll das ganze Zeug denn überhaupt hin in der kurzen Zeit? Mein Magen ist eben nicht so groß wie der eines stämmigen Mannes.

Mir wurden im Wartebereich Geschichten erzählt, die unglaublich klingen. Der glatzköpfige Herr berichtete, dass ihm vor zwei Jahren im Klinikum, das ein paar Straßen weiter entfernt liegt, die Diagnose Lungenkrebs gestellt wurde – allerdings schon mit Metastasen in den Nieren. Die Ärzte dort gaben ihm nur noch ein paar Wochen. Jetzt lebt er aber immer noch. Da er sich dort auch nicht gut aufgehoben und unverstanden fühlte, wechselte er das Krankenhaus und ging hierher. Der zuständige Onkologe sagte ihm, dass sich der Tumor und die Metastasen vermutlich verkapselt hätten, das heißt, dass die bösen Zellen schlafen. Hoffen wir, dass der nette Mann noch viele viele Jahre leben wird.

Ein Ehepaar stieß zur Unterhaltung dazu und erzählte (so habe ich es verstanden), der Mann habe Hautkrebs im Magen gehabt, und zwar in Faustgröße, sodass ihm der ganze Magen entfernt werden musste. Mir ging durch den Kopf: Hautkrebs im Magen? Häh? Kann mich mal jemand aufklären? Das habe ich ja noch nie gehört. Im Internet finde ich jedenfalls auch nichts darüber. Da steht nur, dass es Tumore in der Magenschleimhaut gibt. Vielleicht ist das ja damit gemeint. Auf jeden Fall wurde bei dem Mann der Dünndarm an die Speiseröhre genäht. Nun kann er aber nur noch winzige Portionen essen, geschweige denn mal ordentlich trinken. Zwölf Kilo hat er schon abgenommen. Er soll nun acht kleine Portionen am Tag zu sich nehmen. Der Mann ist auch gestraft. Nun wartete er auch auf sein ...zigstes CT. Diesmal sollte aber der Kopfbereich unter die Röhre, weil die Ärzte nicht glauben wollten, dass der Hautkrebs im Magen das einzige Übel in seinem Körper war. Zudem hörte der gute Mann seit einiger Zeit nur noch sehr schlecht. Die Ärzte meinten, das liege an der Sauerstoffbrille, die er eine Weile getragen hat.

Endlich war ich an der Reihe. Das CT dauerte nicht mal fünf Minuten. Arme über den Kopf legen, zwei Mal Luft anhalten und schon fertig. In der Anmeldung zur Blutentnahme sagte man mir, ich könne noch eine Dreiviertelstunde in die Cafeteria gehen, da der Oberarzt Dr. Schirmer noch unterwegs sei. Man fragte mich: „Sind denn die Eltern dabei?“ Ich verneinte. Das allererste Mal war ich ganz allein beim Arzttermin im Krankenhaus. Irgendwie war ich mächtig stolz, aber auf der anderen Seite war es auch ein komisches Gefühl. Ich kann es gar nicht beschreiben. In der Cafeteria bestellte ich mir ein Kürbiskernbrötchen mit Salami und ging auf die Terrasse. Getrunken hatte ich ja erst einmal genug. Gegenüber sitzend sah ich die Eheleute, mit denen ich im CT-Wartebereich gesprochen hatte. Ich überlegte, ob ich dem armen dünnen Mann eine kleine Süßigkeit kaufen sollte, weil er mir so leid tat, aber ich traute mich nicht. Außerdem wusste ich ja auch nicht, ob er das essen durfte.

An diesem Tag wollte ich gegen Nachmittag eigentlich noch am Sportprogramm der ambulanten IRENA-Reha teilnehmen, also Walken mit anschließender Gymnastik, doch mit dem Kontrastmittel im Körper war mir das zu riskant und außerdem war es schon zu spät dafür und wäre viel zu stressig geworden. Pünktlich auf die Minute kam ich zurück in die Ambulanz und sollte erst einmal im Wartebereich Platz nehmen. Ich wartete und wartete und wartete. Die Wartezeit hat sich leider nicht geändert. Ich blätterte in den beiden gekauften Zeitschriften und aß noch Gummibärchen (yummie!). Nach einer halben Ewigkeit rief mich Dr. Schirmer zu sich. Bevor ich überhaupt Platz nehmen konnte, sagte er mir, dass der Befund perfekt sei. Besser könne die Lunge nicht aussehen. Das Narbengewebe jedoch werde nie mehr weggehen. Das Blutbild sei auch sehr gut – klar, noch immer nicht in den schwarzen Zahlen, aber schon ganz nah dran. Der Wert der Leukozyten betrage fast 6.000, der des Hämoglobins liege bei fast 11 g/dl. Erstaunlicherweise seien allerdings die Werte für Kreatinin und Harnstoff erhöht, obwohl ich doch so viel getrunken hatte. Vielleicht lag das an den Medikamenten oder an den Lorano-Tabletten (gegen die Allergie), die ich eine Zeit lang täglich zu mir genommen habe. Es konnte auch an der Nahrung liegen, die ich einen Tag vor der Blutentnahme zu mir genommen hatte, so der Facharzt. Die Medikamente durfte ich ab diesem Zeitpunkt absetzen, außer die Schilddrüsentabletten natürlich. Die muss ich ja leider ein Leben lang nehmen.

Ich stellte Dr. Schirmer einige Fragen, auf die er erstaunt reagierte: „Frau Rauscher, Sie stellen mir vielleicht Fragen – die kann ich gar nicht alle beantworten.“ Er bestätigte mir, dass ich im August mit der Wiedereingliederung starten könne und es an der Zeit sei, ins normale Leben zurückzukehren. Die Wiedereingliederung solle ich mit dem Betriebsarzt besprechen. Ich nahm mir vor, erst einmal zu recherchieren, ob die Firma überhaupt einen hat. Ich berichtete ihm, dass die Ärztin aus der Karasania-Wohlfühl-Klinik meinte, dass ich aufgrund meines schwachen Immunsystems ein halbes Jahr lang noch nicht im Pflanzenbereich arbeiten dürfe und auch das Schwimmen und große Menschenmengen noch immer zu riskant für mich seien. Er erwiderte fast ungehalten: „Was die Leute alles für Scheiße labern – auch die vom Labor! Ich kann doch nicht auch noch das Labor kontrollieren! Ihr IGG-Wert (Immunglobulin G) ist nur minimal zu niedrig. Sie können getrost wieder im Pflanzenbereich arbeiten. Es ging damals nur um die Pilze. Schwimmen oder unter die Leute gehen ist für Sie auch wieder möglich, laut Ihrer Leukozytenanzahl. Und Antikörper brauchen Sie ohnehin nicht mehr. Was die Leute alles für eine Scheiße labern, ist einfach unglaublich!" Ich habe mich während des Gesprächs halb weggeschmissen vor Lachen. Ihm gegenüber erwähnte ich noch, dass ich den Säureblocker BicaNorm einnehme, woraufhin er erwiderte, auch das sei völliger Quatsch.

Die nächste Blutabnahme sei erst im September 2017 wieder fällig, wenn meine Lunge geröntgt und ein Ultraschall durchgeführt werde. Vorher sei auch eine Blutentnahme beim Hausarzt nicht notwendig. Ein weiteres CT sei dann erst im Frühjahr 2018 geplant. Mir wäre schon im September ein CT lieber gewesen, anstatt geröntgt zu werden, weil man Veränderungen deutlich besser sehen kann. Doch es ist wirklich gefährlich, ständig solch hohen Strahlenbelastungen ausgesetzt zu sein, denn auch das erhöht ja wiederum die Krebsgefahr, zumal Herr Dr. Schirmer Recht hat: „Es ist nicht besser, wenn man bei jedem CT kleine Veränderungen sieht, weil es ja auch etwas völlig anderes sein kann und nur noch mehr Panik verbreitet."

Plötzlich klingelte sein Telefon. Seine Frau war dran und er erwiderte ihr: „Ja Schatz, ich kann gerade nicht. Ich hab hier gerade noch ein Patientengespräch, danach muss ich noch eine Leber punktieren und eine Lungenbiopsie machen. Tschüss!" – Und fegte das Handy quer über den Tisch. Zuerst etwas schockiert, musste ich schließlich lachen und dachte: Ganz schön frech! So geht man doch nicht mit seiner Frau um, auch wenn man gestresst ist. Und dem Handy tut es allemal nicht gut.

Er fragte mich, ob ich schon einen neuen Antrag für die Wiederholungs-Reha hätte. Ich bejahte und sagte, dass mir einer nach Hause mitgegeben worden sei. Er meinte, dass eigentlich ein Arzt das Formular ausfüllen müsse, nicht der Patient. Kein Problem für mich, dann musste ich das nicht machen. Ich hatte nur die Befürchtung, dass mein Chef es nicht gutheißen würde. Da arbeitete ich erst wieder ein paar Monate und wäre dann erneut für drei Wochen weg. Ich war mir echt unschlüssig, ob ich die zweite Reha antreten sollte. Zuletzt erwähnte ich, dass ich des Öfteren noch meine Lunge spüre, manchmal sogar etwas schmerzhaft. Doch Dr. Schirmer konnte mir keine Erklärung dafür geben, stattdessen: „Seien Sie froh, dass Sie überhaupt noch Ihre Lunge spüren."

Als das Gespräch zu Ende war, sollte ich noch im Wartebereich der hämatologisch-onkologischen Ambulanz Platz nehmen und auf den Zettel mit dem neuen Termin warten. Danach konnte ich die Nadel entfernen lassen und im Anschluss nochmal ins Sekretariat gehen. Beide Sekretärinnen waren heilfroh, dass das Ergebnis wieder so gut aussah. Ich fragte Frau Schmander, wie denn der neue Chef sei. „Er ist furchtbar lieb und sehr gebildet. Ein junger Mann über vierzig, kommt aus Rheinland-Pfalz, hat zuletzt in einer Stadt zwischen Schleswig-Holstein und Niedersachsen studiert. Doch es hat ihm dort nicht mehr gefallen, vor allem das Wetter.“ Sie sei froh, dass er es geworden sei.

Die nächsten Wochen verbrachte ich vor allem mit dem Fitnessprogramm in der ambulanten Reha. Des Weiteren plante ich meine Feier, bei der ich mich bei allen Familienmitgliedern, Freunden, Kollegen und Reha-Patienten bedanken wollte, da sie so wahnsinnig fest an meine Genesung geglaubt, Daumen gedrückt, mich besucht, mir geschrieben und für mich gebetet haben. Bei meiner Feier sollte auch die Cousine meines Vaters dabei sein, die zwar aus Deutschland stammt, aber seit über dreißig Jahren in Peru lebt. Zu guter Letzt sollte auch mein Buch weitergeschrieben werden. Und Erholungsphasen sollte ich mir doch auch irgendwie noch gönnen.

Inzwischen war es Mitte Juli und seit der Feier waren einige Tage vergangen. Ich war zwar völlig fertig, Gott sei Dank aber nicht erkältet. Die Feier war ein voller Erfolg. Dieses Mal hatte ich alles allein organisiert – ohne meine Eltern. Ich war richtig stolz darauf. Im Internet hatte ich die Western-Ranch, ein Gestüt mit elf Pferden, zwei Katzen und einem schnuckeligen Restaurant in der Nähe unseres Wohnorts ausfindig gemacht und schließlich auch gewählt, weil ich wollte, dass es eine gemütliche und zwanglose Feier ohne viel Schnickschnack im kleinen Rahmen wird – wir waren so ungefähr 38 Personen. Besonders hat mich gefreut, dass eine Kollegin aus dem Baumarkt dazu gestoßen ist sowie einige Patienten aus der Reha. Das ist schon eine große Ehre!

Es war der 8. Juli 2017. Um 17 Uhr begrüßte ich alle Gäste und nahm Geschenke entgegen – obwohl ich gar keine haben wollte – und bat sie, schon einmal Platz zu nehmen. Der Grillmeister schmiss gegen 17:30 Uhr den Grill an. Ich hatte sogar zwei verschiedene Speisekarten per Computer erstellt, eine für Fleischesser und eine für Vegetarier bzw. Veganer. Doch bevor alle essen durften, habe ich mich auf eine Bank gestellt und eine kurze Rede gehalten, die allererste öffentliche Rede in meinem Leben. Ich war so nervös, dass jeder sehen konnte, wie meine Beine zitterten. Oh Mann, war das peinlich! Erstaunlicherweise war aber dafür meine Stimme gefestigt. Nachdem alle ordentlich geschlemmt hatten, gab es für diejenigen, die vom Essen „voll bis oben hin“ waren, einen Absacker – also Schnaps. Ab 20 Uhr begann die Western-Country-Band aus der Gegend mit ihrer Musik, fünf reife, sehr humorvolle aber auch herzliche Vollblutmusiker, die neben Country auch Evergreens und Oldies an diesem Abend spielten. Dabei sollte ich des Öfteren auch mitsingen. Doch das Mikrofon funktionierte leider nicht richtig, sodass meine Stimme nur recht leise wahrgenommen wurde. Um 00:30 Uhr war dann Schluss.

Na, wo hat sie sich denn versteckt?

Hier ein paar Bilder meines Sommerfestes:

Ein Tänzchen mit „Oma und Opa“

Die Wirtin – herzlich und lebenslustig

Der Reha-Tisch

Die sehr liebevolle Ranka, die sich immer um mich gekümmert hat

Der gutaussehende Typ ganz hinten an der Laterne mit dem vollen Bierglas ist mein Mann. Daneben sitzt ein guter Freund von uns beiden aus der Nähe und ihm gegenüber sitzt der beste Freund meines Mannes. Er kommt auch aus Bayern und sie haben die gesamte Jugend miteinander verbracht.

Die komplette Western-Country-Band

Das Fest war so genial, lebhaft und abends traumhaft romantisch, wie einige Gäste behaupten. Ich war voller Elan und jeder hat gespürt, wie fröhlich und energiegeladen ich war. Selbst der Reha-Tisch hat beim Tanzen mächtig Power gezeigt und die Damen waren so ausgelassen, wie schon lange nicht mehr, obwohl eine von ihnen Lebermetastasen hat. Aber sie denkt gar nicht daran, deswegen schlecht drauf oder traurig zu sein. Sie genießt und lebt jeden Tag sehr intensiv und bewusst. „Omi und Opa", meine Eltern sowie viele weitere Gäste haben am nächsten Tag noch viel an die Feier denken müssen, weil so viele Reha-Patienten voller Power und Lebenslust waren, trotz der vorherigen Erkrankungen und Chemiekeulen, die sie bekommen hatten. Die Gäste waren richtig „geflasht". Ich glaube, es hat sich bei allen ein Schalter umgelegt, dass man jeden Tag genießen und dankbar für jeden erlebten Moment sein sollte. Das hofft man zumindest.

Einige Gäste haben an diesem Abend an die Deutsche Krebshilfe gespendet. Vielen lieben Dank dafür. Das Geld ist dort gut aufgehoben! Auch möchte ich mich bei einem sehr guten Freund bedanken, der als kleines Gastgeschenk auf der Feier die Fotos geschossen hat. Seht ihr, wie professionell die Bilder im Gegensatz zu den anderen aussehen? Das liegt daran, dass er sein Hobby zum Beruf gemacht hat. Er war bereits auf unserer Hochzeit der Fotograf ;-). Seither stehen wir regelmäßig in Kontakt. Er ist in vielen Bereichen eine große Unterstützung und ist immer für einen da. Wenn man sich mit ihm unterhält, merkt man, wie viel Lebenserfahrung er schon hat.

Die darauffolgenden Tage verbrachte ich mit Kesara, der Cousine meines Vaters, den Spanierinnen Solana und Naiara, die zu Kesaras und meiner Familie gehören. Es war sehr anstrengend für mich, da wir viele Touren mit den Damen unternahmen und ihnen sämtliche Sehenswürdigkeiten rund um die Innenstädte der Umgebung zeigen wollten.

An einem Tag war ich mit der Cousine und den Spanierinnen allein unterwegs, und zwar im Schwarzwald auf der Landesgartenschau. Das war ein wunderbarer Ausflug: so viele herrlich duftende Blumen in allen Farben und Formen und so viele kleine „Geschäfte“ zum Stöbern für die Frau. Da Naiara, die zwölfjährige Tochter der Spanierin Solana dabei war, wollte ich, dass auch sie etwas Spaß hat. Wer hat als Teenager schon Interesse daran, sich Blumen oder selbstgeschnitzte Figuren anzuschauen? Ich hätte mich damals nicht dafür interessiert. Deshalb war ich sehr froh, dass ich einen kleinen „Spielplatz“ für Naiara gefunden hatte. Dort konnte man auf einem großen, rindenlosen Baum stolzieren, ein Naturbild aus vier großen Bauklötzen basteln, in einen „Dunkelwald mit Tiergeräuschen“ hineingehen, zählen, wie alt der Baum geworden ist oder in einem Museum winzige kleine Tierchen in Gläsern suchen. Ich merkte, dass Naiara sichtlich Spaß daran hatte und das erfreute mein Herz.

Besuch der Landesgartenschau:

Im Anschluss daran wollten die Drei noch ein altes Kloster besichtigen, doch ich war zu kaputt. Ich brauchte einige Minuten Pause und setzte mich auf eine Bank. Als die Mädels wiederkamen, habe ich fast angefangen zu heulen, weil ich einfach nicht verstehen wollte und auch noch nicht akzeptieren konnte, dass ich immer noch nicht so konnte, wie ich wollte. Der Kopf will sich nach so einer langen Zeit auf neue Abenteuer einlassen, doch der Körper spricht eine andere Sprache. Er möchte einfach noch nicht. Kesara konnte mich vollkommen verstehen, versuchte mich zu beruhigen und sagte, dass all das doch völlig normal sei. Die restliche Zeit konnte ich leider nicht mit ihnen verbringen, da ich einfach zu ausgelaugt war. Doch wir trafen uns gelegentlich noch abends zum Essen. Seit ihrer Heimreise stehen auch Kesara und ich regelmäßig in Kontakt.

13. Wiedereinstieg ins Berufsleben

Mittlerweile war ich wieder fast vollständig genesen, hatte die Reha in der Karasania-Wohlfühl-Klinik hinter mir und im „Nachfolgezentrum“ Gewichte gestemmt. Ich musste mich doch weiterhin fit halten, um im Beresany-Baumarkt durchhalten zu können. Dann folgte ein weiterer wichtiger Schritt für mich: Der berufliche Wiedereinstieg.

Mit meinem Hausarzt besprach ich in den Tagen nach dem Fest Ende Juli meine Wiedereingliederung. Dies bedeutet, dass man schrittweise eine Person wieder an die tägliche körperliche sowie geistige Belastung des Arbeitsalltags gewöhnt. Sie sollte ab dem 2. August 2017 stattfinden. Besprochen wurde Folgendes: Die ersten drei Wochen sollte ich drei Tage á zwei Stunden arbeiten, darauffolgend wiederum drei Wochen, aber diesmal fünf Tage á zwei Stunden. Des Weiteren folgten fünf Tage á drei Stunden und ab Oktober fünf Tage á vier Stunden – jeweils wiederum immer drei Wochen lang.

Dem Hausarzt zufolge sollte es aber bei vier Stunden täglich erst einmal bleiben, denn er fand die Arbeit für mich anstrengend genug. Mir war das auch sehr recht, denn ich fühle mich nach einer zwanzigstündigen Arbeitswoche noch immer erschöpft und schlafe viel. Das Fatigue-Syndrom wird wohl noch lange in mir bleiben (wollen). Ab dem nächsten Jahr versuche ich aber wieder auf fünf bis sechs Stunden zu kommen.

Es gibt eine Sache, die ich bei Ärzten generell nicht verstehe: Da bekommt man (nicht nur meine Wenigkeit) acht Monate lang hochdosiertes Gift in den Körper gepumpt und soll dann nach sechs Monaten schon wieder voll arbeiten können. Das kann ich nicht nachvollziehen!

Mit meinem Vorgesetzten habe ich ausgemacht, dass ich anfangs von Mittwoch bis Freitag arbeite, später dann die ganze Woche, außer am Wochenende. Eine meiner Kolleginnen aus dem Gartenbereich hat mir berichtet, dass ich während der Wiedereingliederung samstags nicht arbeiten müsse – was für eine Wohltat! Doch diese Schonzeit wird wohl vorbei sein, wenn ich wieder richtig anfange zu arbeiten. Ich hatte in den ersten Wochen des Wiedereinstiegs das Gefühl, dass ich kommen und gehen konnte, wann ich mochte und mir auch die Arbeit zum Großteil selbst aussuchen durfte. Man hat mir gesagt: „Machen Sie die Arbeit, die Sie können, und wenn es keine Arbeit gibt, dann gibt es eben keine.“ Tja, hmmm, dann könnte ich mich eigentlich auch auf eine Toilettenschüssel setzen und Zeitung lesen (kleiner Scherz).

Ich fühle mich wirklich unglaublich wohl in diesem Baumarkt. Meine Kollegen und Kolleginnen haben sich sichtlich gefreut, als ich wieder aufgetaucht bin. Ein ganzer Vogelschwarm ist auf mich zugestürmt und hat mich umarmt. Selbst das starke Geschlecht war hocherfreut, mich wieder zu sehen. Ich scheine wohl ein Wiedererkennungsmerkmal zu haben und eine Anziehungskraft auszustrahlen (hihi). Kleines Rätsel für Euch: Welcher bekannte Juror gibt diesen Satz immer wieder von sich? Kleiner Tipp: Er ist beim Fernsehsender RTL angestellt und in dieser Show wird viel gesungen. – Na?

Im Ernst, es war wirklich schön wieder da zu sein. Der Vorgesetzte hat gesagt: „Ach, da ist ja eine ganz Fremde.“ Mit ihm bin ich noch nicht per Du – zwischendurch mal als Ausrutscher –, aber so wunderbar wie unser „Verhältnis“ zueinander ist, wird es sicher nicht mehr lange dauern, bis wir uns auf ein Du einigen. Hmm, es wäre zwar wirklich schön, per Du zu sein, aber wäre es nicht vernünftiger, eine gewisse Distanz zu bewahren? Irgendwo muss ein Vorgesetzter sicher auch seine Autorität wahren? Und wenn er aus irgendeinem Grund nicht unser direkter Chef werden sollte, dann kann man sich das ganze ja noch einmal durch den Kopf gehen lassen (frech grins). Im Baumarkt wird das alles sicherlich lockerer gesehen und gehandhabt als in einem Büro. Ich bin da manchmal echt noch zwiegespalten. Seit meiner Erkrankung stehe ich mit ihm in Kontakt. Er hat mich über den ganzen Zeitraum begleitet, mich aufgebaut, zum Lachen gebracht und Daumen gedrückt. Ich empfinde es oft noch als erstaunlich, dass ein Vorgesetzter mir so viel Hilfe durch Zuspruch schenkt. Dafür danke ich ihm sehr. Aber man hat mir versichert, dass dieser stets eher als Freund und Kumpel agiert. Wir unterhalten uns über vieles, privates wie berufliches. Viele ernste Themen sind dabei. Auf der anderen Seite machen wir zwischendurch immer wieder Faxen. Es gibt Momente, da stürmen wir gleichzeitig aufeinander zu wie im echten Kampf – er mit einer Gardinenstange und ich mit einer Holzleiste bewaffnet. Wir machen auch Rätselraten oder reißen Sprüche und Witze zwischendurch. Mit ihm ist es so locker leicht, alles ohne Druck und ohne das Gefühl, bei der Arbeit beobachtet zu werden – so locker und leicht, wie die Yogurette selbst (lach!).

Mit zwei Kollegen hatte ich anfangs große Probleme, da sie nicht verstehen wollten oder einfach unwissend waren, was eine „Wiedereingliederung“ bedeutet, warum die so lange dauert, warum ich nur so kurz arbeite, häufig samstags nicht da bin und warum ich ständig so warm angezogen bin. Anfangs war ich schon recht sauer auf beide, doch ich habe ihnen so gut es geht zu erklären versucht, was im Körper eines Krebskranken vor sich geht und was eine Chemotherapie im Körper alles auslöst. Viele Menschen können so etwas nicht begreifen, da sie im Familien- oder Bekanntenkreis noch nie so eine furchtbare Krankheit miterlebt haben. Aber dafür gibt es ja nun meinen Erfahrungsbericht :-P. Und ja, ich trage bei Minusgraden oder generell gesagt im Winter eine Strumpfhose und ein Unterhemd. Na und? Peinlich ist es mir nicht. Immerhin bin ich dadurch seit Oktober nicht mehr krank geworden. Nach einer Weile hat sich das Blatt aber um ganze 180 Grad gewendet und wir verstehen uns außerordentlich gut.

Da es in der Wintersaison eher ruhig zugeht, hat man mehr Zeit zu plaudern. In der Zeit war ich auch häufig im Elektrobereich tätig. Kollegen schmunzelten schon im Vorbeigehen, wenn sie den Kollegen und mich zusammen sahen und machten Scherze, wie zum Beispiel: „Habt ihr beide ein Verhältnis?“

Bei uns im Baumarkt gibt es im Service-Center-Bereich einen Mann mit sehr speziellen Charakterzügen, der den ganzen Tag nur an Frauen denkt und dessen Sprüche oft unter die Gürtellinie gehen. Eigentlich ist es immer recht lustig mit ihm, doch wenn man selbst einen schlechten Tag hat oder man etwas ernsthaftes mit ihm besprechen möchte, dann gehen einem die Sprüche auf den Geist. Details möchte ich Euch allerdings ersparen. Er hat einen Code- oder Spitznamen: „Baron von Münchhausen“. Seinen Kollegen an der Theke nennt er liebevoll „Agent 008“ oder „Seine Hochwohlgeboren“. Er lobt diesen in den höchsten Tönen; dabei darf er aber nicht vergessen, dass auch er erstaunliche Fähigkeiten besitzt.

Himmel, wenn ich das hier so erzähle, möchte bestimmt kein Kunde mehr an unsere Service-Theke gehen … Obwohl, bestimmt kommt dann eine ganze Horde Kunden hereingestürmt und möchte sehen, wer diese Code-Namen besitzt. Wie ein ganzer Teenieschwarm werden sie über ihn herfallen und Autogramme verlangen (lach!). Aber auf der anderen Seite ist er auch ein furchtbar lieber und hilfsbereiter Kerl – und eine Bombenfigur hat er für sein Alter. Er ist nämlich schon fast Rentner :-P. Er hat mich auch gefragt, wie ich mich denn mittlerweile körperlich fühle. Ich habe ihm erzählt, dass ich immer noch so kribbelnde Beine habe, vor allem wenn die Beine ruhen – also auf der Couch oder im Bett. Auch erwähnte ich, dass manche Körperteile sich taub anfühlen, als wäre man in Watte eingepackt. Der medizinische Fachbegriff dafür ist Polyneuropathie. Da seine Frau auch schon an Krebs erkrankt war und Chemotherapie bekommen hatte, sagte er, dass bei dieser Therapie ja die Nerven beschädigt werden, daher das Kribbeln. Als Tipp gab er mir, ich solle doch B-Vitamine zu mir nehmen. Ich werde mal meinen Arzt darauf ansprechen.

Der „Baron von Münchhausen“ berichtete mir, er werde im Sommer 2019 eventuell in Rente gehen, da er dann bereits 45 Jahre lang berufstätig sei. Dann wird es ja im Baumarkt langweilig werden, denn Späße, die unter die Gürtellinie gehen, macht hauptsächlich er – außerdem müssen sie zwischendurch sein, in dieser schwierigen Welt. Ich will jetzt nicht sagen, dass wir keine anderen lustigen Mitarbeiter haben, aber ohne ihn wird es erst einmal komisch sein. Vielleicht kann man ihm ja noch ein anderes Angebot unterbreiten, wie zum Beispiel zwei Mal pro Woche an der Service-Theke Arbeiten erledigen, um die Rente aufzubessern. Das macht unser ehemaliger Buchhalter ja auch.

Ich habe festgestellt, im Baumarkt geht alles ein wenig anders zu als im Büro. Da sind auch der Ton und die Themen anders gelagert. Man arbeitet eben viel mit Männern zusammen. Aber ich scheine da ja den richtigen Platz gefunden zu haben, denn früher habe ich mich auch besser mit Jungs verstanden als mit Mädels. Zudem bin ich ein „durchtriebenes Miststück", wie mir das starke Geschlecht wohlgesonnen mitgeteilt hat. Aber zurück zum Baumarkt: Anfangs hatte ich mit dem etwas rauerem Ton und den derben Sprüchen auch Probleme, doch mittlerweile habe ich mich da angepasst. Ich muss ehrlich sagen, in den Büros in denen ich tätig war – wir waren nur Frauen im Assistenzbereich –, gab es fast täglich Zickereien und wechselnde Launen. Das war kaum auszuhalten. Eine damalige Kollegin hat es sogar so weit gebracht, dass die anderen Damen einen Nervenzusammenbruch erlitten.

Hier im Baumarkt ist es da wesentlich entspannter. Klar, irgendwo haben alle auch einen kleinen „Dachschaden" und "bruddeln" gelegentlich rum, aber ich kann mich nicht wirklich beklagen. So behaupten doch tatsächlich einige Kollegen, imaginäre Freunde zu haben. Es macht die Runde, es existiere doch wirklich ein kleiner Junge namens Jimmy, der immer wieder allerlei Schabernack treibe. Also so groß ist mein „Dachschaden" dann doch noch nicht. Letzterer muss erst wachsen und gedeihen und am Ende meines Lebens kann man mich dann in die geschlossene Station des paradiesischen Himmels einweisen. Obwohl, es gibt ja Menschen, die Geister oder Verstorbene sehen können. Diese Verstorbenen sagt man, finden keine Ruhe, weil sie auf der Erde noch etwas zu Ende führen wollen oder jemanden suchen. Ich selbst habe auch mal eine Verstorbene gesehen. Sie stand nachts direkt vor meinem Bett im weißen Nachthemd mit langen Locken bis zur Schulter und hat mich angestarrt. Ich habe solchen Schiss bekommen, dass ich mir die Decke über den Kopf gezogen habe. Nach einigen Minuten schaute ich noch einmal hin – aber die Person war weg. Seither kann ich leider keine Verstorbenen mehr wahrnehmen. Eine meiner Freundinnen hat mir gesagt, dass mir dieses Tor zur anderen Welt nun verschlossen bleibe, weil ich es psychisch nicht verkraften würde. Im Prinzip versperrt mir vielleicht die Angst die Wahrnehmung anderer Wesen. Ich könnte es ja mal mit Meditation versuchen, aber jemand müsste mir zeigen, wie so etwas funktioniert.

Die Röntgen- und Ultraschallbilder im September 2017 waren übrigens unauffällig. Mensch, war ich da wieder heilfroh. Ich bin eben immer noch nervös bei solchen Nachuntersuchungen. Der Arzt sagte mir erneut, die Lunge könne nicht besser aussehen. Nun war ich gespannt darauf, was die Thorax-Computertomografie im Januar 2018 ergeben wird. Da möchte ich dann zusätzlich eine Aufnahme des Gehirns (CCT), der Wirbelsäule und des Abdomens haben, um sicherzustellen, dass auch da alles in Ordnung ist. Klar ist es wichtig, vor allem in der Lunge nachzuschauen, aber es kann ja auch passieren, dass an einer anderen Stelle ein neuer Tumor entsteht. Zuerst wollte ich eine Traumaspirale, also ein Ganzkörper-CT machen lassen, doch meine Mutter riet mir davon ab, denn ein Arzt klärte sie auf, dass die Strahlenbelastung dabei um das 500-fache höher sei, als wenn man nur ein Körperteil scannt. Meine Idee war es dann, MRT's der einzelnen Körperregionen anfertigen zu lassen, denn da hat man keine Strahlenbelastung zu befürchten.

Der „Dottore", der mich mittlerweile immer „meine Liebste" nennt (lach!), riet mir im September zusätzlich, dass ich zur Humangenetikerin gehen solle. Er frage sich nämlich, warum ich so klein bin und wolle auch den Zusammenhang zwischen meiner Vitiligo, meiner ITP, dem Minderwuchs und der Schilddrüsenunterfunktion verstehen. Er vermutet, dass eventuell eine Genmutation die oben genannten Krankheiten sowie die genetisch bedingte Immunschwäche verursacht. Ich dachte: Mensch, der Kerl ist ja ganz schön neugierig – und was er mit mir alles anstellen will, Himmel! Ich bin doch kein Versuchskaninchen. Außerdem will ich eigentlich gar nicht wissen, was ich noch so haben könnte. Denn wahrscheinlich kann man es ohnehin nicht heilen. Es würde mich nur wieder verrückt machen, die Psyche leidet darunter und dann werde ich vielleicht noch als „behindert“ abgestempelt. Ne, ne, mein Lieber, dachte ich, da mache ich nicht mit. Sucht euch doch ein anderes Versuchskaninchen, an dem ihr rumexperimentieren könnt! Und wenn ich halt nicht so alt werde wie andere Menschen – na und? Ich habe ein tolles Leben gehabt. Außerdem, wer sagt denn, dass dabei unbedingt was herauskommen wird? Vitiligo ist im Übrigen nur eine Pigmentstörung der Haut. Das haben ganz viele Menschen, und ich sehe das nicht als Krankheit an. Sichtbar ist das bei mir nur am Bauch und am linken Unterarm. Trotz seiner Neugier ist dieser Facharzt, genau wie Prof. Dr. Meinzer seinerzeit, sehr professionell, sehr aufmerksam, herzlich und humorvoll. Meine Güte, was habe ich doch immer für ein Glück mit den behandelnden Ärzten männlichen Geschlechts (grins!).

Anfang Oktober habe ich im Baumarkt einen sehr netten älteren Herrn kennengelernt. Er hat mal vor langer Zeit in unserer Buchhaltung gearbeitet und hilft nun im Kassenbüro aus, wahrscheinlich um seine Rente etwas aufzubessern. Dieser äußerst sympathische Herr könnte vom Aussehen her glatt den Weihnachtsmann spielen, auch wenn er selbst nicht viel von Weihnachten hält. Seine Hundedame nimmt er stets mit zur Arbeit, sie bleibt aber immer ganz brav neben dem Treppengeländer liegen und wartet, bis Herrchen fertig ist. Die Hündin tut mir unglaublich leid, denn sie ist auf beiden Ohren taub und hat nur noch ein Auge. Zudem zittern ihre Hinterläufe. Das ist so etwas ähnliches wie das Parkinson-Syndrom bei Menschen. Aber ich weiß, dass sie in guten Händen ist, ihr Herrchen sie über alles liebt und Madame bis an ihr Lebensende gut versorgt wird. Tiere haben übrigens mit Behinderungen überhaupt kein Problem. Wenn es eben so nicht mehr geht, dann halt anders. Nur wir Menschen sind da echte Jammerlappen. Ich habe in YouTube sogar einen Hund gesehen, der keine Vorderpfoten hat und nun auf den Hinterläufen geht, aufrecht!

Auch habe ich eine sehr herzliche Kollegin aus dem Pflanzenbereich, die mich, wie schon erwähnt, während meiner Krankheit nachmittags besucht hat. Sie busselt mich ab und legt regelmäßig den Arm um mich. Zudem nennt sie mich immer „Schatzi" oder „Süße". Auch hat sie bisher immer versucht, mich in Schutz zu nehmen. Ihr Beschützerinstinkt scheint sehr ausgeprägt zu sein, im positiven Sinne, und aus ihren Gesten kann ich erahnen, dass sie mich sehr gern hat. Ich selbst habe auch wirklich alle Kollegen und Kolleginnen richtig gern. Es fehlt nur noch, dass wir in so herzlichen Momenten ein Gruppenkuscheln veranstalten, so lieb, wie wir uns alle haben (lach, kleiner Scherz am Rande). Meine Kollegin, die sich hauptsächlich um den Pflanzenbereich kümmert, wollte mir, als ich kurz Luft hatte, etwas Grundwissen aus dem Pflanzenschutzbereich beibringen. Glaubt Ihr, ich habe irgendetwas im Kopf behalten? Nö, natürlich nicht. Links rein, rechts wieder raus. Klein Chrissie hat manchmal immer noch ein Hirn wie ein Sieb. Ich habe es ihr mittlerweile gebeichtet, obwohl es mir unendlich peinlich war. Meine Kollegin gibt sich doch so große Mühe. Doch sie hatte vollstes Verständnis und meinte, dass das Thema Pflanzenschutz auch tatsächlich sehr umfangreich sei.

Ich frage mich überhaupt, wie lange das denn dauert, bis die Synapsen sich wieder erholt haben? Eine weitere Kollegin hat schon gesagt, ich hätte ein Gehirn wie eine Oma, weil ich schon wieder vergessen hatte, was ich noch erledigen wollte oder ich auch nicht mehr wusste, wie etwas funktioniert, obwohl man es mir vor der Erkrankung beigebracht hatte. Die Merkfähigkeit ist einfach noch immer gestört. Es ist mir auch lästig, dass ich noch immer Probleme habe, Sätze und Erklärungen richtig wiederzugeben. Selbst diese Worte zu finden, ist noch ein Problem, vor allem wenn die Arbeit zu anstrengend wird oder es hektisch zugeht. Je stressiger, desto stärker sind die Ausprägungen – voll blöd! Vor allem ist es mir sehr unangenehm, weil diese Probleme im Alltag mit Kunden auch schon zum Vorschein kamen. Hoffentlich ist mit meinem Gehirn alles in Ordnung!

Von manchen hörte ich, dass ich hier immer eine Sonderposition haben werde, da der Geschäftsführer, der mit meinen Eltern befreundet ist, mir den Praktikumsplatz im Beresany-Baumarkt verschafft hat. Aber ich möchte diese Sonderposition gar nicht haben. Ich bin eine ganz normale Mitarbeiterin, habe Rechte und Pflichten, wie alle anderen auch. Klar, aufgrund meiner zierlichen Statur muss ich nicht allzu anstrengende Tätigkeiten ausüben. Und momentan arbeite ich auch nur vier Stunden täglich laut Plan, was aber meinem Immunsystem geschuldet ist. Da ich neidische Blicke verspürt habe, wenn ich mich täglich auf den Heimweg mache, will ich nächstes Jahr versuchen, wieder auf sechs Arbeitsstunden täglich zu kommen. Ich möchte auch hier auf keinen Fall bevorzugt werden. Diesbezüglich wollte ich auch unbedingt an der Inventur im Januar teilnehmen. Klar, nur so lange, wie mein Körper durchhält. Elf Stunden – so lange dauert vermutlich die Zählerei – werde ich nicht durchhalten. Aber ich möchte zeigen, dass sie auf mich zählen können und nachher nicht neidisch sind und sagen: „Ach, die Frau Rauscher war ja schon wieder nicht da …" Und wenn ich „Scheiße baue", will ich auch, dass ich das genauso gerade bügeln muss wie jeder andere auch und dass ich in allen Dingen gleich behandelt werde. Ich brauche nicht immer nur „Jaja" und „Amen" zu hören, sondern akzeptiere vollkommen auch mal ein „Nein" oder auch einen Anschiss, wenn er denn gerechtfertigt ist.

Nicht so ideal finde ich allerdings, dass wir alle im Dezember und Januar Urlaubssperre haben, natürlich weil in dieser Zeit das Jahresendgeschäft boomt und die Inventur stattfindet. Ich könnte also nicht einmal über Weihnachten eine Woche wegfahren. Im Prinzip könnte ich ohnehin erst ab Februar oder März Urlaub nehmen, da ich mich im Jahr 2016 ja noch in der Probezeit befand und während der langen Krankenphase alte Urlaubstage verfallen waren (nach 15 Monaten). Da ich ganze 13 Monate gefehlt habe und jetzt auch noch die Wiedereingliederung bis Ende Januar läuft (sechs Monate), kann ich bis dahin keinen neuen Urlaubsanspruch erwerben.

Um noch einmal auf die Sache mit der Sonderposition zurückzukommen: Gewiss haben einige Kollegen Angst, dass ich Informationen aus dem Baumarkt an den „Oberchef" weitertrage, weil ich ihn privat kenne. Vielleicht sind sie auch neidisch deswegen. Aber er hat mir nur ein Praktikum verschafft, mehr nicht. Er hat sich ja auch mittlerweile fast vollständig aus dem Geschäft zurückgezogen, und wenn wir uns mal treffen oder wir uns begegnen, dann fragt er auch nur wie es mir geht und wie es sonst so läuft. Ich erzähle ihm dann einfach, was ich gerade zu tun habe. Mehr ist da nicht. Ich würde nie und nimmer auf die Idee kommen, ihm irgendwelche Geschichten aufzutischen, die im Baumarkt ablaufen. So eine bin ich nicht. Diese Unklarheiten habe ich damit hoffentlich aus dem Weg geräumt.

Es war mittlerweile Ende November. Da im Januar die Inventur stattfinden sollte, war ich dabei, den Sanitärbereich aufzuräumen, falsche Produkte wieder richtig einzusortieren, kaputte Hüllen zu bekleben beziehungsweise zu tackern und nicht mehr vorhandene Aufkleber mit EAN-Nummern neu zu bedrucken – ein Heidengeschäft und sehr zeitaufwendig, wenn man das ganz allein macht. Doch immerhin wurden wir von einem Außendienstmitarbeiter für unsere Arbeit gelobt.

Aber ganz ehrlich: Ich verstehe die Kunden nicht. Klar, kann ich nachvollziehen, dass man Probleme hat, das richtige Produkt für eine bestimmte Anwendung zu finden. Dafür sind wir ja da. Aber man weiß doch, aus welchem Regal man welches Produkt genommen hat. Dann kann man doch das Produkt auch genau dort wieder hinlegen, wo man es herausgenommen hat. Was ist so schwer daran? Wir Baumarktmitarbeiter müssen das alles wieder aufräumen, und das kostet unnötig Zeit – Zeit, die wir nicht haben. Also bitte liebe Kunden, geben Sie sich beim nächsten Mal etwas mehr Mühe. Die Belegschaft dankt es Ihnen herzlich (lach!).

Ein weiteres großes Problem ist der Diebstahl. Aber außer eine Figur aus Pappmaché mit Kameraaugen in dem Bereich aufzustellen, habe ich leider noch keine passende Idee gefunden. Eine Kamera scheint es schon zu geben. Ob aber überhaupt Ideen oder Vorschläge von mir in dieser Hinsicht erwünscht sind, weiß ich auch nicht. Ich will mich ja nicht aufdrängen. Im alten Geschäft waren Vorschläge jedenfalls stets willkommen.

Drei Wochen nach der Aufräumaktion habe ich eine leichte Gastritis bekommen. Der Auslöser war zu fettiges Essen bei der Inventur-Besprechung und die zu große Anstrengung bei der Aufräumaktion. Da es nach einigen Tagen noch immer nicht besser wurde und ich zusätzlich mal wieder an Gewicht verlor (zwei Kilo) habe ich fürchterliche Panik geschoben, weil die Krankheit damals genauso angefangen hat. Morgens überkam mich in den eigenen vier Wänden ein Heulkrampf, der sogar noch im Baumarkt andauerte. Ich glaube, ich stand kurz vor einem Nervenzusammenbruch. Aber ein paar Kollegen, die das mitbekommen haben, reagierten sehr gut und haben mich wieder aufgebaut. Keiner von ihnen war der Ansicht, dass ich wieder einen Tumor habe. Vielleicht brauche ich doch noch eine Psychologin in der Umgebung, um meine Krankheit zu verarbeiten.

Eine Woche später wollte ich einem Kunden auf dem Gang ausweichen und bin voll in die verpackten Wäscheleinen gefallen (lach!), bin da so richtig reingeglitten. Der Marktleiter, mein Vorgesetzter und zwei Kollegen standen dabei und haben sich halbtot gelacht. Oh Mann, war das peinlich! Eine Kollegin sagte, außer mir habe das noch keiner geschafft. Ich weiß ja auch nicht, was mit mir los war. Vielleicht hat in dem Moment mein Gleichgewicht versagt. Der Körper spinnt halt immer noch gelegentlich. Aber diese Geschichte wird den Kollegen, die meinen „Auftritt“ miterlebt haben, noch lange im Gedächtnis bleiben: Klein-Chrissie halt, ne!?

Im Mai 2018 soll ja meine zweite Reha stattfinden. Im April will mein Facharzt den Antrag ausfüllen. Aber ich kann doch nicht schon wieder der Arbeit fern bleiben. Es ist einfach zu viel zu tun: zu viel Arbeit – zu wenig Personal. Außerdem war ich im Oktober 2017 kurz nach dem Wiedereinstieg ja schon wieder drei Wochen krank. Mein Mann hatte mich mit seiner Erkältung angesteckt. Ich habe natürlich sofort wieder ein Antibiotikum bekommen – Himmel, irgendwann werde ich noch immun dagegen. Die Erkältung konnte aber nicht gleich auskuriert werden, da ich zwischendurch noch eine Zahn-OP hatte. Ein Backenzahn wurde unter Sedierung gezogen und bei dem „Kollegen" nebenan wurde die Wurzelspitze entfernt. Daher durfte ich mich zwei Wochen lang nicht schnäuzen. Scheiß Chemo! Acht Zähne sind dadurch futsch gegangen. Da werden wahrscheinlich noch ein paar Zähne gezogen werden müssen, sagte der Kieferchirurg. Er erklärte mir außerdem, das Zahnfleisch müsse genäht werden, da meine Schleimhaut im Mund zu trocken sei, weil ich zu wenig Speichel produziere. Dadurch gelangen leichter Bakterien ins Zahnfleisch, was wiederum eine Entzündung auslösen würde. Die Trockenheit der Schleimhäute ist eine weitere Folgeerscheinung der Chemotherapie. In den nächsten Jahren werden sich die Schleimhäute hoffentlich wieder regenerieren. Später soll ich dann eine Brücke bekommen, leider kein Implantat, weil die Entzündung im Kiefer noch mindestens sechs Monate andauern wird. Oder aber ich warte noch so lange ab. Zusätzlich werden mir einige Kronen angefertigt. Ich wünsche mir hier schon viel Spaß, denn das werden lange Sitzungen (schnief).

Aber seien wir mal ehrlich: Ich kann dem Team und dem Geschäft doch nicht antun, wieder drei Wochen zu fehlen. Klar, es läuft auch ohne mich und Gesundheit geht vor, aber wie sieht das denn aus? Samstags nicht arbeiten, hier drei Wochen krank, da drei Wochen Reha, da ein paar Tage Freizeitausgleich aufgrund von Überstunden – da kriege ich ein echt schlechtes Gewissen. Denn jeder fragt sich doch: „Wann schafft die gute Frau denn eigentlich?"

Inzwischen mache ich immer etwas länger – also Überstunden, wie schon beschrieben –, als im Plan vorgesehen. Aber ich kann nicht anders. Ich bin so „bekloppt". Ich mache halt auch gern meine Arbeiten fertig. Da steckt ein angeborener Perfektionismus dahinter. Zudem liebe ich es, beschäftigt zu sein. Daheim habe ich nur den Haushalt, weil ich mich nach der Arbeit schonen soll, und das langweilt mich. Aber hier im Baumarkt kann ich nützlich sein. Und ich habe wirklich Spaß bei der Arbeit. Es macht eben auch viel aus, wenn man so tolle sympathische Arbeitskollegen hat. Momentan ist es noch wie eine Droge. Ich freue mich jeden Tag darauf. Auch wenn ich privat in den Baumarkt komme, wird mein Herz ganz leicht und ich fühle mich zu Hause. Ich bin mal gespannt, wie lange die Wirkung noch andauert (lach!).

Warum habe ich mich nicht schon vor Jahren im Baumarkt beworben? Das ist doch genau das, was ich schon immer machen wollte. Naja, irgendwo wollen auch die Eltern, dass die Kinder in deren Fußstapfen treten. Aber lieber spät erkannt als nie. Und vermutlich hat auch hier wieder jemand die Finger im Spiel gehabt und sich gedacht, dass jetzt erst der richtige Zeitpunkt gekommen ist.

Ich merke nur, dass ich immer noch schneller müde werde. Das liegt vermutlich am miesen Wetter. Kalt, bewölkt und regnerisch – das ist gar nicht so meins. Dann doch lieber wieder

Schnee, trockene Kälte und ein paar Sonnenstrahlen, die durch die Wolken hervortreten.

Schließlich wurde mir im Januar vom Marktleiter dann doch untersagt, bei der Inventur dabei zu sein, da dies allzu anstrengend für mich sei. Ich bin zwar enttäuscht und mein Image wird vermutlich wieder darunter leiden, aber meine lieben Kollegen kennen ja mein eigentliches Engagement. Auch habe ich versprochen, dass mein Geist an diesem Tag über ihnen schwebt und mitzählt.

Hier noch ein paar sehr nette Fotos aus dem Beresany-Baumarkt: Meine fleißigen Kollegen, die jederzeit mit Rat und Tat zur Seite stehen.

TEICHFOLIE
PFLANZGEFÄSSE

ACHTUNG!

Service
Wünschen Sie Beratung?

14. Blick nach vorn

Nach der vergangenen schwierigen Zeit bin ich dennoch voller Vorfreude und sehr gespannt darauf, was das Leben noch für mich bereithält. Momentan bin ich ja gewissermaßen noch auf „Entdeckungsreise“ und möchte noch so viel erleben. Der Traum ein eigenes Buch zu veröffentlichen hat sich ja bereits erfüllt. Als nächstes möchte ich in ein kleines Haus ziehen oder in einen Bungalow. Man muss ja auch an die Gebrechlichkeit im Alter denken (lach!). Gern möchte ich noch ferne Länder bereisen: Schweden, Norwegen sowie Finnland. Die Polarlichter sollen gigantisch sein. Ägypten, Kuba und Afrika überhaupt würden mich allerdings auch reizen. Neue Menschen kennenzulernen und in meinem neuen Beruf professioneller zu werden gehört natürlich ebenfalls zu meinen Plänen.

Vermutlich werde ich ehrenamtlich Sanitätsdienst leisten, da ich in diesem Bereich schon über einiges Wissen verfüge, mich der medizinische Bereich sehr interessiert und ich der Menschheit auch etwas zurückgeben möchte. Ehrenamtlich tätig zu werden, halte ich überhaupt für eine gute Idee. Auf jeden Fall werde ich all dies mit meiner über alles geliebten Familie, meinen Freunden und Kollegen erleben, die mir in dieser schweren Zeit so sehr zur Seite standen.

Und sollte ich wieder an Krebs erkranken, wäre ich die Letzte, die sagt, sie werde noch ihre letzten Wochen oder Monate ohne irgendeine Therapie verbringen und ihr Leben einfach aufgeben. Ich würde bis zum letzten Atemzug kämpfen – nicht nur für mich, sondern ebenso für andere Menschen! Sollte ich jemals aufgeben, würde ich mich selbst belügen.

Kommen wir aber zum eigentlichen Thema zurück, dem Krebs: Ich bin heilfroh, dass ich so hartnäckig geblieben und ins Krankenhaus gegangen bin. Denn hätte ich nur ein Antibiotikum genommen, wäre der Krebs zu spät entdeckt worden und ich hätte die Erkrankung vielleicht nicht überlebt. Bei jedem Menschen besteht bei jeder Zellteilung die Gefahr, dass Mutationen entstehen, die zu Krebs führen können. Ein intaktes Immunsystem ist normalerweise jedoch in der Lage, kranke Zellen zu vernichten. Ich will gar nicht bestreiten, dass die Krankheit teuflisch ist und tödlich enden kann, doch ist man ein lebensbejahender, optimistischer Mensch, dem auch noch gute Heilungschancen vorausgesagt werden, lassen sich die Strapazen leichter ertragen. Positives Denken kann ebenfalls dazu beitragen, manche Schmerzen leichter wegzustecken und das Immunsystem zu stärken.

Am Ende dieses Buches möchte ich an die Wissenschaft appellieren, weiter zu forschen, um Krebserkrankungen endlich heilen zu können. Denkbar ist auch, eines Tages durch die Gabe von Cannabis die tödliche Krankheit aufzuhalten, wie in Laborversuchen bereits nachgewiesen werden konnte – allerdings gilt das bislang nur für Tumore mit einem Zellkern. Pflanzen und Pflanzenteile der zur Gattung Cannabis gehörenden Pflanzen sind seit dem 10. März 2017 ein verkehrs- und verschreibungsfähiges Arzneimittel, das theoretisch von jedem Arzt verschrieben werden kann, wenn dieser den Einsatz als sinnvoll erachtet. Sicherlich könnten auch Schulmediziner neben den klassischen Krebstherapien alternative Heilmethoden in Betracht ziehen und sich darin fortbilden, auch wenn sich diese gegen die Interessen der klassischen Medizin und der Pharmaindustrie richten.

Ganz ehrlich Leute, wir leben hier in einer „Ellenbogengesellschaft", in der jeder nur sich selbst der Nächste ist. Ich finde das wirklich traurig! Wenn Ihr einander schätzt, euch gegenseitig respektiert und aufeinander achtgebt, dann werdet Ihr seelisch reich beschenkt werden. Ich versuche, in meinem Leben noch einiges anzustoßen, der Pharmaindustrie ins Gewissen zu reden und die Forschung zu unterstützen, denn die Moral von der G'schicht: Aufgeben ist nicht!

Und allen Betroffenen sei versprochen:
Die Haare wachsen wieder!

Einige Zeit vor der Chemo- und Antikörpertherapie.

Links: Als mir die Haare ausgingen

Rechts: Die Haare beginnen wieder deutlich zu wachsen. Hier waren sie noch blond,

Mittlerweile sind sie kastanienbraun geworden. Man sagte mir, wenn ich nicht lächle, hätte ich harte Gesichtszüge und bräuchte eine weiche Frisur, wie zum Beispiel einen Bob. Färben werde ich die Haare nicht mehr, da in Färbemitteln krebserregende Stoffe enthalten sind.

Epilog

Ich möchte Euch noch ein paar Ratschläge mit auf den Weg geben:

- Eines Tages werdet Ihr aufwachen und keine Zeit mehr haben für Dinge, die Ihr schon immer tun wolltet. – Tut es jetzt!
- Jede Minute die man lacht, verlängert das Leben um eine Stunde!
- Das Leben ist zu kurz, also breche alle Regeln. Vergib schnell, küsse bedächtig, liebe ehrlich, lebe und lass niemals zu, dass Du das Lachen verlernst.
- Hinter jeder Wolke steckt Sonnenschein!
- Treibt regelmäßig Sport, esst viel Obst und Gemüse und lebt jeden Tag bewusst!

Anhang

Was ist ein Non-Hodgkin-Lymphom?

NH-Lymphome sind bösartige Tumore, die das Lymphgewebe befallen. Sie werden auch Lymphdrüsenkrebs genannt. Der Tumor kann theoretisch überall im Körper auftreten, wo sich ein lymphatisches Gewebe befindet. Am häufigsten entsteht ein Lymphom jedoch in den Lymphknoten. Ein NH-Lymphom hat keinen Zellkern, sondern ist diffus und invasiv. Beginnende Symptome können sein: Nachtschweiß, Fieber, ungewollter Gewichtsverlust, Infektionen, Müdigkeit.

Maligne Lymphome können aufgrund der Struktur des lymphatischen Systems mit einzelnen Zellen über den ganzen Körper verteilt sein. Teilweise haben sie dann das Erscheinungsbild einer Leukämie mit vielen weißen Blutzellen im Blutbild. Sie können aber auch als große Lymphknotenschwellungen und als einzelne Tumore in Erscheinung treten, vor allem in einigen Organen wie etwa dem Magen, den Knochen oder der Haut.

Das lymphatische System ist mit seinen Geweben und Zellen über den ganzen Körper verteilt. Es bildet einen Teil des Immunsystems. Seine Aufgaben bestehen in der Abwehr von Krankheitserregern sowie der Reinigung und Entgiftung körpereigener Abbauprodukte. Zum lymphatischen Gewebe gehören die Lymphgefäße und Lymphknoten, die Milz sowie spezialisierte Gewebe im Magen-Darm-Trakt und im Rachen. Im Körper bilden viele Lymphknoten regelrechte Gruppen. Sie umgeben gemeinsam jeweils ein bestimmtes Organ und leiten auch meist zu einem gemeinsamen Hauptlymphgefäß zu. Diese Gruppen werden auch als Lymphknotenstationen bezeichnet.

Zum „Organ" Lymphsystem gehört außerdem die Lymphflüssigkeit, die jede Körperzelle umspült und in den Lymphbahnen transportiert wird. Sie fungiert als Transportmedium sowohl für benötigte wie auch für nicht mehr gebrauchte Stoffe im Körper, zum Beispiel Zelltrümmer. Die Lymphbahnen nehmen die Lymphe auf, sammeln sie und leiten sie schließlich in den Blutkreislauf weiter. In ihm wandern aber auch einige Zellen des Immunsystems an ihren Einsatzort. Vorgeschaltet sind hier die Lymphknoten, die als eine Art Filterstation dienen.

Bei Lymphomen sind die Lymphozyten, also die Zellen des lymphatischen Systems betroffen. Sie gehören zu den weißen Blutkörperchen und haben in gesundem Zustand zentrale Aufgaben bei der Immunabwehr. Die Lymphozyten werden je nach Funktion und Entwicklung in B- und T-Lymphozyten unterschieden. Das B steht für *bone narrow*, was Knochenmark bedeutet, d. h. diese Lymphozyten reifen im Knochenmark zu funktionstüchtigen Abwehrzellen heran. Die T-Lymphozyten hingegen reifen im Thymus außerhalb des Knochenmarks aus. Die verschiedenen Gruppen der Lymphozyten stehen über bestimmte Signalmoleküle in Verbindung, unterscheiden sich jedoch in ihren Aufgaben. Die B-Lymphozyten haben die Aufgabe Antikörper zu produzieren. Das sind kleine Eiweißmoleküle, die sich an Krankheitserreger hängen und diese als „fremd" markieren, sodass sie dann sowohl für sogenannte Fresszellen (Makrophagen) als auch für Killerzellen (T-Lymphozyten) erkennbar sind und zerstört werden können.

Krebserkrankungen des lymphatischen Systems

Der Begriff „maligne Lymphome“ bedeutet bösartige Lymphknotengeschwülste. Diese können unterteilt werden in Hodgkin-Lymphome (auch Morbus Hodgkin genannt) und Non-Hodgkin-Lymphome, die ihrerseits nochmals in verschiedene Formen unterteilt werden können. Dazu gehören zum Beispiel:

Die chronisch lymphatische und die Haarzell-Leukämie. Letztere tritt wesentlich seltener auf, ähnelt im Verlauf aber der chronisch lymphatischen Leukämie. Ferner zählen dazu MALT-Lymphome, die meist im Verdauungstrakt auftreten, Kutane T-Zell-Lymphome, die die Haut befallen, das multiple Myelom (Plasmozytom), das Knochentumore bildet.

Aufgrund dieser großen Formenvielfalt der Erkrankung gibt es nicht nur eine Therapie, sondern viele verschiedene, die sich nach dem jeweiligen Krankheitsverlauf richten. Quellen: Wikipedia, www.onkologie.hexal.de/krebs/lymphome

Medizinisches Glossar

Antikörper: Eiweißmoleküle, die die Aufgabe haben, fremde Stoffe, Krankheitserreger oder sogar Krebszellen im Körper ausfindig zu machen, sie als „fremd“ zu markieren und sich an sie zu binden. Damit beschleunigen sie den Zelltod. Antikörper schützen zudem auch die gesunden Zellen. In einer Sekunde kann man 2000 von ihnen absetzen. Man kann die Antikörper vor allem gegen den Virus Typ C einsetzen.

Analvenenthrombose: Ein blauer schmerzhafter Knoten außerhalb des Afters. Sie ist im Gegensatz zu einer Hämorrhoide von Haut bedeckt, nicht von Schleimhaut. Ursache ist ein Blutgerinnsel in einer Vene.

Biopsie: Hierbei entnimmt der Arzt kleine Gewebeteile und lässt sie im Labor untersuchen.

Bluttransfusion: Bei einer Bluttransfusion bekommt man Blutbestandteile aus dem Blut eines anderen Menschen als Infusion verabreicht. Das Blut muss vorher bestrahlt werden, weil der Patient sonst allergisch darauf reagieren kann. Blutgruppe und Rhesusfaktor müssen identisch sein.

Bronchoskopie: Die Lungenspiegelung mittels eines optischen Gerätes durch die Luftröhre. Es ist die wichtigste diagnostische Maßnahme bei Verdacht auf Lungenkrebs. Das Verfahren wird aber auch zur Entnahme von Abstrichen und Gewebeproben, zur Bronchienspülung, beispielsweise bei chronischer Bronchitis und Asthma bronchiale, zur Abklärung von Atemwegs-Verengungen, zur Feststellung von Bereichen mit Minderbelüftung der Lunge und zur Entfernung von Fremdkörpern angewandt.

Chemotherapie: Eine medikamentöse Therapie von Krebserkrankungen mittels Zytostatika.

Computertomografie (CT): Ein bildgebendes Untersuchungsverfahren in der Radiologie, das schichtweise Bilder aus dem Körperinneren liefert, um zum Beispiel Tumore erkennen zu können. Trinkt man zuvor Kontrastmittel, werden die „Auffälligkeiten" sichtbarer.

diffus: unregelmäßig ausgebreitet oder undeutlich und nicht klar abgegrenzt.

Drainage: Sie dient der Ableitung oder dem Absaugen krankhafter bzw. vermehrter Körperflüssigkeiten oder -gasen, um einen Normalzustand mittels eines Schlauches wiederherzustellen.

EKG: Eine elektronische kardiologische Untersuchung, das heißt, eine Untersuchung des Herzens. Auf den Oberkörper werden elektronische Magnete geklebt; der Computer misst dann die Herzströme und Herzschläge.

Elektrolyte: Mineralstoffe, die dem Körper zugefügt werden müssen, wenn er ausgetrocknet ist.

Erythrozyten: So heißen die rundlichen roten Blutkörperchen, die den Sauerstoff und das Kohlendioxid transportieren. Pro Sekunde werden mindestens zwei Millionen von ihnen im Knochenmark gebildet. Sie sterben alle 100 bis

120 Tage ab, da sie keinen Zellkern besitzen und sich nicht teilen können.

Hämoglobin: Ein Protein der roten Blutkörperchen; es verleiht ihnen den roten Blutfarbstoff und bindet den Sauerstoff.

invasiv: eindringend

Korodin: Auf pflanzlicher Basis gewonnene Herz-Kreislauf-Tropfen, die man einnimmt, wenn einem schwindelig ist oder das Herz rast – etwas scharf, aber sehr hilfreich!

Kulturen anlegen: Dies dient der Vermehrung von Bakterien in einer geeigneten Umgebung. Sie werden für wissenschaftliche, technische und diagnostische Zwecke angelegt.

Leukozyten: Sie gehören zu den weißen Blutkörperchen, die die Aufgabe haben, Viren und Bakterien zu vernichten. Sie werden im Thymus und im Knochenmark gebildet und sind wichtig für die Immunabwehr.

Lymphozyten: Auch sie gehören zu den weißen Blutkörperchen und teilen sich in die Untergruppen B und T (Killerzellen). Die B-Lymphozyten sind die einzigen Zellen, die mit eigenen Antikörpern Jagd auf Viren und Bakterien machen können. Zudem sind sie in der Lage, eine Mitose durchzuführen. Sie können sich also teilen und somit vervielfachen.

Lymphomatoide Granulomatose: Bei dieser Erkrankung handelt es sich um eine systemische Vaskulitis, d. h. eine entzündliche Erkrankung der Blutgefäße.

maligne: bedeutet bösartig; es wird vor allem in der onkologischen Diagnostik zur Charakterisierung von Tumoren verwendet.

Mediastinoskopie: Dies ist eine Operation, bei der im Thoraxbereich mittels eines Endoskops Teile von Lymphknoten entnommen werden können.

Novalgin: Tropfen gegen Schmerzen, die für die Niere besser verträglich sind als Paracetamol. Der Hauptwirkstoff von Novalgin ist Metamizol.

Onkologie: Die Wissenschaft von der Entstehung, Entwicklung und Behandlung von Tumorerkrankungen.

Pathologe: Ein Mediziner, der sich mit der Diagnosestellung von Krankheiten an entnommenen Geweben oder Zellen von lebenden oder toten Menschen befasst.

Pneumothorax: Ein meist akut auftretendes je nach Ausprägung lebensbedrohliches Krankheitsbild, bei dem Luft aus den Lungenflügeln in den Brustkorb gelangt und damit die Ausdehnung der Lungenflügel behindert, so dass diese für die Atmung nur noch eingeschränkt zur Verfügung stehen. (Wikipedia)

Proktologe: Ein Mediziner, der sich mit den Erkrankungen des Enddarms und des Analkanals befasst.

Radiologe: Ein Mediziner, der sich mit der Anwendung elektromagnetischer Strahlen und mechanischer Wellen zu diagnostischen, therapeutischen und wissenschaftlichen Zwecken befasst.

Sonografie: Auch „Echografie“ oder umgangssprachlich „Ultraschall“ genannt, ist die Anwendung von Ultraschall als bildgebendes Verfahren zur Untersuchung von organischem Gewebe in der Medizin und Veterinärmedizin sowie von technischen Strukturen.

Symbioflor: Ein Präparat gutartiger Darmbakterien, die den Stuhlgang zu normalisieren helfen.

Thrombozyten: Auch Blutplättchen genannt, werden im Knochenmark gebildet. Sie spielen eine wichtige Rolle bei der Blutgerinnung und verschließen Wunden.

Weiße Blutkörperchen: Zu dieser sogenannten „Körperpolizei“ gehören die Leukozyten, die Lymphozyten der Einheiten B und T sowie die Makrophagen, auch „Müllschlucker“ bzw. „Fresszellen“ genannt. Die weißen Blutkörperchen sind dehnbar und anpassungsfähig. 15 Milliarden von ihnen werden täglich im Knochenmark gebildet; das sind ungefähr drei Teelöffel voll. Im gesamten Körper befinden sich eine Million Milliarde weißer Blutkörperchen (1 000 000 000 000 000).

Zytostatika: Das sind pharmazeutische Wirkstoffe, die die Zellteilung und das Zellwachstum hemmen. Sie schädigen vor allem schnell wachsende, aber auch gesunde Zellen wie zum Beispiel Haut und Haarwurzeln, die Mundschleimhaut sowie die Magen- und Darmschleimhaut.

Vitamine – wofür sie wichtig sind und worin sie enthalten sind

Vitamin D: Wird aus einer Vorstufe in der Haut bei Sonneneinstrahlung gebildet; wichtig für die Knochen. Enthalten in Sprotten, Makrelen, Morcheln.

Vitamin A: Wichtig für gesunde Augen und reine Haut. Enthalten in Karotten, Süßkartoffeln, Knollensellerie, Grünkohl, Weiß- und Rotkohl, Rote Beete, Chicorée, Steckrüben, Endiviensalat.

Vitamin E: Gehört zu den Antioxidantien und unterstützt die Bildung der Antikörper. Zudem ist es ein Beauty-Vitamin. Enthalten in Fleisch, Fisch, Eiern, Lauch, Karotten, Weizenkeimen und -öl, Nüssen, Äpfeln, Petersilie, Grünkohl, Tomaten.

Vitamin K: Kontrolliert die Blutgerinnung und aktiviert die Knochenbildung. Enthalten in grünem Blattgemüse, Geflügel, Knollensellerie.

Vitamin C: Wichtig für das Immunsystem. Enthalten in Grün-, Weiß- und Rotkohl sowie Blumen-, Wirsing-, China- und Rosenkohl, Brokkoli, Paprika, Zitrus- und Beerenfrüchten, Lauch, Karotten, Steckrüben, Kiwis, Brennnessel, Äpfeln, Hagebutten, Zitronen, Cranberrys, Sanddorn, Petersilie, Brunnenkresse, Spinat, Tomaten, Endivien-, Kopf- und Feldsalat.

Vitamin B12 und andere B-Vitamine: Wichtig für starke Nerven und aktiven Stoffwechsel. Enthalten in Karotten, Steckrüben, Grün-, Weiß-, Rot- und Rosenkohl, Äpfeln, Weizenkeimen und -öl, Hafer.

Wichtige Mineralstoffe sind die chemischen Elemente Kalium, Kalzium, Magnesium, Eisen, Jod, Mangan, Selen, Zink, Natrium und Phosphor sowie die komplexen Verbindungen Folsäure und Karotin. Enthalten sind sie in Weiß-, Rot- und Grünkohl sowie Blumen-, Wirsing- und Chinakohl, in Lauch, Endivien- und Feldsalat, Kohlrabi, Steckrüben, Karotten, Knollensellerie, Brokkoli, Rote Beete, Äpfeln, Ananas, Chicorée, Rindfleisch, Thunfisch, Edamer, Avocado, Hirse, Kirschen, Pfirsichen, Kefir, Sesam, Milch, Makrelen, Amarant, Quinoa, Spinat, Kabeljau, Garnelen, Emmentaler, Paranüssen.

Ernährung bei Krebs – worauf man achten sollte

- Wenig Zucker, hier auch eher Xylit zu sich nehmen
- Hochwertige pflanzliche Öle verwenden
- Tomaten lieber kochen, wodurch sich die krebshemmenden Stoffe besser entfalten
- Normale Menge an Eiweiß zu sich nehmen
- Vollkornmehl statt Weißmehl verwenden
- Wenig Salz verwenden
- Wenig Mariniertes, Geräuchertes, Frittiertes verzehren
- Auf Fertigprodukte möglichst verzichten
- Mindestens zwei Liter Wasser am Tag trinken, damit alle Schadstoffe ausgeschwemmt werden
- Die Lebensmittel sollten Bio-Qualität haben oder zumindest pestizidfrei sei

Empfohlen wird häufig der Verzehr von deutscher und saisonaler Ware, solcher also die weder lange transportiert noch konserviert werden muss.

Lebensmittel, die vor Krebs schützen und Krebszellen bekämpfen können

Die Deutsche Gesellschaft für Ernährung (DGE) empfiehlt zwei Portionen Obst und drei Portionen Gemüse täglich. Man soll farblich abwechseln und vor allem auf gleich große Anteile gelber, roter und grüner Lebensmittel achten. Das Gemüse sollte möglichst gekocht sein.

Obst und Gemüse: Brokkoli regt den Körper zur Bildung krebsbekämpfender Stoffe an. Die Inhaltsstoffe hemmen die Entstehung von Krebs und tragen zum Schutz der Zellen bei. Folsäure regt die Neubildung der roten Blutkörperchen an und senkt das Blasenkrebsrisiko.

Beerenobst (Heidel-, Him-, Brom- und Erdbeeren, Cranberries) enthält große Mengen an Vitamin C und Antioxidantien, die verhindern, dass Krebszellen die Erbsubstanz der Zellen verändern.

Grün- und Rosenkohl hemmen die Teilung und Vermehrung von Krebszellen.

Hirse, Naturreis und Linsen enthalten viele Ballast- und sekundäre Pflanzenstoffe, welche die Dickdarmschleimhaut schützen und somit Darmkrebs vorbeugen. Spargel enthält viel Kalium, das den Körper entwässert und Giftstoffe ausschwemmt. Er soll vor allem gegen Darm- und Rachenkrebs schützen.

Fisch: Meeresfische (Hering, Lachs, Makrele, Sardellen) enthalten Omega-3-Fettsäuren, die die Produktion von Entzündungsmolekülen drosseln. Diese begünstigen die Entstehung von Krebs. Der Verzehr von Fisch senkt das Brust-, Prostata- und Darmkrebsrisiko.

Weitere empfohlene Lebensmittel

Senf, vor allem scharfer Senf und alle anderen Lebensmittel, die Senföle enthalten, wie z. B. Kresse, Meerrettich, Radieschen schützen vor den erbgutschädigenden Wirkungen der beim Grillen und Braten von Fleisch entstehenden aromatischen Kohlenwasserstoffe. Weiße Blutkörperchen können durch den Verzehr besser mit diesen schädlichen Stoffen umgehen. Es gilt: Je schärfer, desto krebshemmender.

Knoblauch schützt die Zellen vor beinahe allen Krebsarten außer Brust- und Prostatakrebs.

Käse enthält Eiweißbausteine, die für neue Antikörper benötigt werden.

Leinsamen sowie Lein-, Hanf- und Krillöle (zum Beispiel in Lachs) schützen die Zellen und senken das Brustkrebsrisiko.

Hülsenfrüchte reduzieren das Darmkrebsrisiko.

Para- und Walnüsse sowie Mandeln und Maronen enthalten eine bestimmte Säure, die die Entartung von Zellen verhindert und geschädigte Zellen vernichten hilft.

Gewürze: Kurkuma enthält den Wirkstoff Kurkumin, der entzündungshemmend wirkt. Wissenschaftler konnten sogar zeigen, dass sich Darmpolypen, aus denen sich oft Darmkrebs entwickelt, unter dem Einfluss dieses Wirkstoffs zurückbilden. Auch die Bildung von Metastasen, Tochtergeschwülste eines Tumors, lässt sich durch Kurkumin möglicherweise bremsen.

Safran wirkt entzündungshemmend, schützt die Nervenzellen und wirkt entgiftend, sollte aber nie ohne den Rat eines Arztes eingenommen werden. Falsch dosiert, kann es giftig sein.

Ingwer lässt Krebszellen gegen sich selbst kämpfen. Die Ingwerwurzel wirkt sehr erfolgreich gegen Eierstock- und Prostatakrebs. Das Pulver tötet die Krebszellen ab, wobei die guten Zellen erhalten bleiben.

Fleisch: Der Konsum von Fleisch sollte reduziert und es sollte möglichst durchgebraten werden. Rotes und dunkelrotes Fleisch sowie Wurst stehen im Verdacht, vor allem das Magenkrebs-Risiko zu erhöhen. Hat man zu viel Hämeisen im Körper, was dem Fleisch die rote Farbe gibt, kann das gravierende Folgen haben. Hämeisen ist zellschädigend und fördert zusätzlich Darm- sowie Speiseröhrenkrebs (die Menge macht's). Verarbeitetes Fleisch, wie zum Beispiel Tiefkühlschnitzel, führen zu einem früheren Tod (auch hier gilt: die Menge macht's). Achten Sie auf fettärmere Fleischsorten. Geflügel ist gesund, Rind gilt als Vitaminspender.

Getränke, die vor Krebs schützen und Krebszellen bekämpfen können:

- Kalorienarme sowie kalorienfreie Getränke.
- Milchsauervergorene Getränke, wie Sauerkrautsaft, Kanne-Brottrunk, Kombucha, Kefir sowie Buttermilch.
- Saft ohne Zucker.
- Selbstgemachte Smoothies, keine gekauften, die enthalten zu viel Zucker.
- Gemüsesäfte, wie Karotten-, Rote-Beete- und Tomatensaft. Ein Glas Gemüsesaft ersetzt eine Portion Gemüse.

- Obstsäfte, wie Acerola, Sanddorn, Hagebutte, Heidelbeere oder Preiselbeere, enthalten viel Vitamin C und sekundäre Pflanzenstoffe.
- Orangensaft.
- Multivitaminsaft zum Frühstück.

Kein Grapefruitsaft, denn die Inhaltsstoffe beeinflussen die Wirkungsweise diverser Medikamente.

Sonstiges: Alkoholische Getränke darf man gelegentlich trinken, aber nichts Hochprozentiges. Wer einen sehr niedrigen Leukozytenwert hat, sollte keimarme Nahrung zu sich nehmen. Immungeschwächte Personen dürfen keinen Schimmelkäse essen.

Verwendete Quellen: Die Ernährungstipps stammen von der Ernährungsberatung der Karasania-Wohlfühl-Klinik im mittleren Südwesten von Baden-Württemberg.

Selbstverständlich stehe ich für Fragen zu diesen Themen jederzeit zur Verfügung. Hier meine E-Mail-Adresse für diejenigen, die mir Fragen, Kommentare, Anregungen oder Kritik senden möchten: rauscher_christina@web.de.

Über die Autorin

Christina Rauscher wurde am 10. Juli 1981 in Karlsruhe-Rüppurr geboren. Verheiratet aber kinderlos lebt sie zurzeit in Walzbachtal. Unmittelbar vor ihrer Krebsdiagnose wechselte sie aus der Personalberatung in einen Baumarkt, wo sie derzeit als Fachverkäuferin tätig ist. Ihr Leitspruch war schon immer: „Ich schaff' das schon!" Dazu gibt es ein Lied von Rolf Zuckowski mit folgendem Refrain:

„Ich schaff' das schon, ich schaff' das schon,
ich schaff' das ganz alleine,
ich komm bestimmt, ich komm bestimmt,
auch wieder auf die Beine.
Ich brauch dazu, ich brauch dazu,
vielleicht 'ne Menge Kraft,
doch ich hab immerhin schon ganz
was anderes geschafft!"